高校英语跨文化教育教学研究

李海霞　冯丽娟　王艳宇　著

北方文艺出版社
·哈尔滨·

图书在版编目（CIP）数据

高校英语跨文化教育教学研究 / 李海霞，冯丽娟，王艳宇著. -- 哈尔滨：北方文艺出版社，2024.8.
ISBN 978-7-5317-6384-0

Ⅰ．H319.3

中国国家版本馆CIP数据核字第2024NT0359号

高校英语跨文化教育教学研究
GAOXIAO YINGYU KUAWENHUA JIAOYU JIAOXUE YANJIU

作　　者 / 李海霞　冯丽娟　王艳宇	
责任编辑 / 邢　也	封面设计 / 琥珀视觉
出版发行 / 北方文艺出版社	邮　编 / 150008
发行电话 / （0451）86825533	经　销 / 新华书店
地　　址 / 哈尔滨市南岗区宣庆小区1号楼	网　址 / www.bfwy.com
印　　刷 / 河北昌联印刷有限公司	开　本 / 710mm×1000mm　1/16
字　　数 / 210千	印　张 / 13.25
版　　次 / 2024年8月第1版	印　次 / 2024年8月第1次印刷
书　　号 / ISBN 978-7-5317-6384-0	定　价 / 68.00元

前　言

随着全球化的不断推进，国际交流日益频繁，高校英语教育的重要性愈发凸显。然而，传统的英语教学往往侧重于语言知识和技能的传授，忽视了对学生跨文化交际能力的培养。这种教学方式已无法满足当今社会对英语人才的需求，因此，跨文化教育在高校英语教学中的地位逐渐凸显。

在全球化背景下，中西文化差异对高校英语教学的影响越来越显著。这种差异不仅体现在语言结构、表达方式和思维习惯上，更深刻地影响着学生的学习态度、学习方式以及跨文化交际能力的培养。因此，对高校英语跨文化教育进行深入研究，具有重要的理论和实践意义。

本书旨在深入探讨高校英语跨文化教育教学的现状、问题及改进策略，以期为提升我国高校英语教学质量、培养具有国际视野和跨文化交际能力的人才提供理论支持和实践指导。通过本书，我们期望能够更深入地理解中西文化差异对高校英语教学的影响，为高校英语跨文化教育提供有力的理论支持和实践指导。同时，我们也期望通过本研究的成果，推动高校英语教学改革，提升我国英语教学质量，培养出更多具有国际视野和跨文化交际能力的人才。

本书在撰写过程中参考和借鉴了一些专家和学者的研究成果，在此表示衷心的感谢！由于作者水平、时间和精力所限，书中不妥之处在所难免，敬请广大专家、读者批评指正，以促使本书的进一步完善。

目　录

第一章　高校英语教学概述 …………………………………………… 1
　　第一节　高校英语教学的理论基础 ………………………………… 1
　　第二节　高校英语教学的构成要素 ………………………………… 15
　　第三节　高校英语教学的开展原则 ………………………………… 23
　　第四节　高校英语教学的基本思路 ………………………………… 33

第二章　跨文化交际与英语教学的融合 ……………………………… 40
　　第一节　跨文化交际与英语教学 …………………………………… 40
　　第二节　跨文化交际能力与英语教学的融合 ……………………… 45
　　第三节　跨文化交际教学中英语本土化的重构与跨文化意识的提高 … 49

第三章　跨文化背景下的英语教学改革 ……………………………… 57
　　第一节　跨文化交际视角下英语教学的意义与作用 ……………… 57
　　第二节　跨文化交际视角下英语教学存在的问题 ………………… 64
　　第三节　跨文化交际视角下英语教学的改革策略 ………………… 69

第四章　跨文化背景下高校英语教学内容 …………………………… 72
　　第一节　跨文化翻转课堂教学 ……………………………………… 72
　　第二节　文化自信与跨文化英语教学 ……………………………… 78
　　第三节　产出导向法与跨文化英语教学 …………………………… 80
　　第四节　跨文化英语教学中任务教学 ……………………………… 87
　　第五节　多模态交互与跨文化英语 ………………………………… 92

第六节　英语教学与跨文化敏感度发展 …………………………… 96

第五章　高校英语跨文化教学的必要性 …………………………… 102
　　第一节　高校英语教学中的文化教学 ……………………………… 102
　　第二节　跨文化交流视域下我国高校英语教学现状 ……………… 110
　　第三节　高校英语跨文化教学中的问题 …………………………… 113
　　第四节　高校英语跨文化教学的必要性 …………………………… 118

第六章　高校英语跨文化教学理论 ………………………………… 124
　　第一节　高校英语跨文化教学的理论建构 ………………………… 124
　　第二节　高校英语跨文化教学的原则与方法 ……………………… 133
　　第三节　跨文化传播与英语教学 …………………………………… 141
　　第四节　基于跨文化交际的高校英语教学模式探索 ……………… 159

第七章　高校英语跨文化教学与跨文化交际能力的培养 ………… 162
　　第一节　高校英语跨文化教学的教学理念 ………………………… 162
　　第二节　跨文化交际能力 …………………………………………… 164
　　第三节　跨文化交际能力培养的必要性 …………………………… 174
　　第四节　跨文化交际能力培养途径 ………………………………… 175

第八章　高校英语跨文化教学建议 ………………………………… 181
　　第一节　对跨文化教学培养目标的建议 …………………………… 181
　　第二节　对跨文化教学方法的建议 ………………………………… 184
　　第三节　对跨文化教学测试与评价的建议 ………………………… 187
　　第四节　对跨文化教学教师与学生的建议 ………………………… 193

参考文献 ……………………………………………………………… 205

第一章 高校英语教学概述

第一节 高校英语教学的理论基础

关于语言的发展史，经历的时间很长，相比较来说，对语言本质进行的讨论则从未间断，并且正在有更多的专家和学者注意到对语言本质进行深入的认识和探讨。本节主要从语言本质理论的方面出发，并结合语言功能理论、交际能力理论及言语行为理论进行具体的讨论和分析。

一、语言本质理论

（一）语言功能的理论

英国的韩礼德（M.A.K.Halliday）是功能学派的标志性人物，他主要致力于研究社会功能层面，并且他主张语言是不断变化的，语言的社会功能也会相应地对其本身产生一定的影响。这就有必要对语言的充分使用进行探究，才能将语言的全部功能及其构成意义的全部成分进行集中。下面将具体讲述韩礼德主张的语言功能分类。

1. 微观的功能

韩礼德认为微观的功能主要出现在儿童进行母语学习的初始阶段，并且包括了七种功能，分别为：①个人功能；②规章功能；③想象功能；④启发功能；⑤工具功能；⑥相互关系功能；⑦信息功能。

2. 宏观的功能

与微观的功能进行比较可以发现，宏观的功能相对更加复杂、更加丰富和更加抽象。宏观功能是儿童向成人语言过渡时产生的语言功能，主要分为以下两种：

（1）实用功能

该功能指儿童在学习语言的早期，由工具、相互关系和控制三种功能所延伸出来的功能，并且是儿童把语言作为做事的方式和手段的功能。

（2）理性功能

该功能衍生于儿童学习语言早期微观功能当中的个人、启发功能，并且是儿童把学习知识和观察事物作为一种手段和途径的功能。

3. 纯理功能

韩礼德主张的纯理功能对语言学派有不可忽视的影响，主要包括以下三个方面：

（1）人际功能方面

人际功能方面指的是语言所具有的表明、建立与维护社会关系方面的功能。运用这种功能，讲话的人能够在某种环境下将自己真实的想法、推断和态度进行完整表达，并在一定程度上对他人产生影响。

（2）篇章功能方面

篇章功能方面是指语言所具有的创造通顺的话语和连贯的篇章，并且十分切合题目的功能。他还认为语篇其实是具有一定功能的语言。

（3）概念功能方面

概念功能方面是指人们运用恰当的语言对自己亲身经历的事情和自身的感想进行概述的功能。也就是说人们通过概念来对经验进行解码，从而达到对事物的表达及阐述。

韩礼德还主张，每个句子都可以在一定程度上体现出上述三种功能，且通常以并存形式存在。关于语言的本质，韩礼德的观点不仅为人类提供了新的角度，有助于语言学界对语言的进一步理解和探究，也为后来产生的交际法教学流派建立了一定的理论基础。

（二）言语行为的理论

奥斯汀（Austin）建立了言语行为的相关理论。随后来自美国的塞尔（Searle）又在其基础上进行了改进，并逐渐发展出一种用来解释人类语言与交际的理论，即言语行为理论。该理论不仅促进了语言教学的发展，还为意念大纲的产生和发展提供了宝贵的理论基础。在一般的语言教学与大纲设计当中，言语行为通常被叫作"功能"或"语言功能"。下面主要介绍奥斯汀和塞尔的言语行为理论。

1. 奥斯汀

奥斯汀将话语分成了两个方面：一是表述句；二是施为句。除此之外，奥斯汀还以此为基础，提出了言语行为的三分说理论。

（1）表述句

表述句是指用于描写客观事物、报道客观事件、陈述客观事实的句子。关于表述句，能够进行验证。

（2）施为句

施为句是指通过创造新事态来对世界进行改变的句子。施为句是不能进行验证的，也就没有真假值之分。

由此看来，上述两类句子最主要的区别是，前者是以言指事与以言叙事，而后者则是以言行事与以言施事。

（3）三分说理论

奥斯汀提出的三分说具体可以分为以下几个方面：

第一，以言指事的行为。该行为就是指通过对发音器官的移动，发出相应的话语，从而按照一定的规则将这些话语排列成相应的词组或句子。一般都是代表意义上的行为。

第二，以言行事的行为。该行为就是采用说话的方式来实施相应的行为或进行做事。该行为具体表明的是说话人的意图（语力）。奥斯汀把该语言行为分成了五个方面：①评价行为；②施权行为；③承诺行为；④论理行为；⑤表态行为。

第三，以言成事的行为。该行为通过言语的方式不同产生不同的效应，也就是说话所带来的一定的后果。在这里要特别表明的一点是，以言成事行为和以言取效行为都是指通过说话导致的相应的结果，且不管结果怎样，都与说话人的意图没有关系。

2. 塞尔

塞尔在奥斯汀的理论基础上进行了相应的改良，并提出了相应的间接言语行为理论。下面进行具体分析。

（1）以言行事行为的分类

第一，承诺类。该分类指说话的人对未来即将要发生事情的行为所进行的不同程度的保证和承诺，承诺类以言行事行为的动词有 threaten、guarantee、promise、commit 等。

第二，表达类。该分类指说话的人具有的某种心理状态。表达类以言行事行为的动词有 apologize、welcome、regret、boast 等。

第三，断言类。该分类指说话的人针对某一事情所做出的判断和态度的表明。断言类以言行事行为的动词有 state、remind、inform、claim 等。

第四，宣告类。该分类指说话的人所要表明的命题的相关内容和客观现实是相同的。宣告类以言行事行为的动词有 nominate、announce、declare、resign 等。

第五，指令类。该分类指说话的人指使或者命令别人去做相应的事情。指令类以言行事行为的动词有 invite、order、advise、suggest 等。

塞尔提出的重新分类的方法由于其科学性和实用性，至今仍在运用。

（2）间接言语行为理论

间接的言语行为就是指采用对另一行为的实施的方法，从而达到间接实施言语行为的目的的一种行为。

塞尔还提出，把间接言语行为分为以下两类：

第一，规约性间接言语行为。该行为一般是基于对听话人的礼貌行为，并且依据说话人使用的句法形式可以推断出相应的语意。

第二，非规约性间接言语行为。该行为一般相对复杂，并且一般都要依据交际双方的共识语言信息对当下的处境等情况做出合理判断。

二、二语习得理论

（一）二语习得理论的概念

20世纪60年代开始，有人研究人们获得语言能力的机制尤其是获得外语能力的机制，并结合了包括语言学和社会学在内的多种学科，逐渐发展成第二语言习得学科，通常简称"二语习得"。

（二）二语习得研究的流派

从20世纪70年代开始，人们便开始从不同的角度对二语习得进行探讨和研究，所对应的研究方法也是各有特色。罗德·埃利斯（Rod Ellis）就在其撰写的《第二语言习得研究》中指出，第二语言习得研究正在向多个角度进行扩展，所对应的研究理论来源及视角也是多种多样的（如心理学角度和神经语言学角度等）。20多年以来，第二语言的相关理论正在不断产生和发展，这些都得益于多种层面和多种方法的不断研究。其中主要有以下两个方面：

1. 普遍语法理论

（1）基本内涵

乔姆斯基（Noam Chomsky）与支持乔姆斯基理论的人认为，人们所具有的普遍的语言方面的知识都是来自遗传基因的作用，因此乔姆斯基将这种来自先天的知识叫作"普遍语法"。普遍语法理论一方面强调的是先天的语言机制对语言习得产生的作用，另一方面则是强调语言中存在的共同的规律性对语言习得产生的作用。如果这种天赋不存在的话，第一语言和第二语言都将不复存在。这是因为，在进行语言习得时，语言的有关数据是不够充分的，还不足以产生习得这一行为。所以乔姆斯基主张语言在一定程度上也是说话人本身的心理活动产生的相应结果。就好像婴儿与生俱来的语言学习能力，因此在遇到语言错误时，不需要纠正，随着年龄的逐渐增加，他们就会从生活中逐渐总结经验，从而进行自我纠正。有部分人在使用语言的过程中，总是习惯通过语法核对，从而保证话语的正确性，其实这就是通过学习这一行为所进行的自我监控。当这些人的语言水平随着年龄的增加而不断提高后，自我监控的使用就会相对变少。所以从本质上讲，语言并不是通过"学习"得到，是存在于人们脑中的语法原则，是生物性天赋的重要组成部分，不需要进行专门的学习，但是也不能违反其规则。

在普遍语法模式里的基本概念既包括原则，也包括参数，这二者分别对语言与语言间的共性和差异性进行了具体的讨论和解释。

第一，原则。原则就是适用于所有人类语言的高度抽象化的语法属性。

第二，参数。参数是语言间差异性的具体体现，有大于等于两个的值，因此不同语言之间的差异性可以用相应的参数值来体现。

（2）普遍语法与二语习得

普遍语法理论强调第二语言的获得过程是以语言相应的参数值为基础的，并且将第一、第二语言当中所体现的语言的规律和语言的特性与第二语言习得的过程相结合，从而对习得的现象进行具体的解释和分析。该假设想要证明第二语言来源于相对独立的语言机制，并不来源于认知系统。该假设所体现出的优点有，以最新的原因理论为基点，对二语习得进行理解和探究，同时引起相关研究者对语言迁移现象的认识和评估。然而，有不少学者对该理论还是持怀疑的态度。并且由于此理论相较于其他理论来讲更为抽象，普遍的语法理论不能够从根本上对具体的实践教学产生积极方面的引导作用，也在一定程度上影响了普遍语法理论在二语习得中的适用度。

2. 语言监控理论

20世纪70年代，来自美国的克拉申（Krashen）针对二语习得提出了影响深远的语言监控理论，主要由五个假设组成，该理论的提出对传统重视语法的外语教学产生了巨大的冲击，下面进行具体分析。

（1）习得/学习的假设

在此种假设当中，克拉申以"学习"和"习得"二者之间的差别作为研究重点，将二者进行明确的分离，他认为习得是学习者下意识获得语言的过程，而学习是学习者有意识采用各种方式进行语言学习的过程，并且从神经语言学的层面来进行分析，学习的知识和习得的知识分别处在大脑的不同部位。

（2）自然顺序的假设

该假设主张人类对于语言结构知识的相关习得都是遵循一定的自然顺序而进行的。并且他认为该假设并没有要求人们依据此顺序进行教学大纲的相关制定。事实上，如果想要习得相应的语言能力，就要按照一定的语法顺序进行教学才行。

（3）监控的假设

此种假设与习得/学习的假设是紧密相连的，在一定程度上表现出了语言习得与学习的内在的关联。区别"习得"和"学习"，二语习得就应该像幼儿习得母语一样。幼儿的语言习得从来不是有意识地被人教过，也不是有意识地学习过。他们和成年人（通常是父母）进行的大量语言交流活动，是伴随着真实情景进行的交流。他们使用语言的能力来自无数次下意识的语言交流。因此，在"教"学习者第二语言时，教师应该在教授的过程中加入幼儿的自然母语习得，并且要为二语学习创造更为多样的语言环境。比如，过去教学中采用的一些方法都强调模拟一种真实的习得语言的场景，正是这种观念的一种反映。

由此看出，语言习得和学习的作用各有千秋。语言习得系统实则是人体的潜意识语言知识和真正具备的语言能力。而语言学习系统则是一种有意识的语言知识，主要在第二语言运用的过程中起监控和编辑的作用，并且该监控功能既可以在语言输出之前，也可以在语言输出的后面。但是，监控功能是否能充分发挥其作用还要看时间、形式和规则这三个条件。

相较于书面表达，口语表达更加注重说话的内容，而容易忽略其语法规则与形式，因此，如果在说话的过程中进行语法监控，就会在一定程度上对说话产生影响，造成说话结巴，从而影响语言交流。而书面的表达则相对较好，因为在写作的过程中，作者能够拥有充足的时间进行反复推敲，从而选用最佳的语法规则。

（4）输入的假设

输入的假设是克拉申语言习得研究理论的重点部分。他认为，语言习得者只有接触到了"可理解的语言输入"，也就是说接触到的第二语言输入内容稍高于习得者具有的语言水平，并且该习得者既能从形式上进行理解又能从意义和信息两个方面进行理解的时候,语言习得才能够产生。这就是至今仍非常著名的 i+1 理论。其中 i 表示习得者现在就有的语言水平,1 则代表了稍高于习得者水平的语言内容和材料。克拉申还认为,该公式的输入无须刻意提供,只需进行理解输入,并且达到了一定的量,输入便会自动生成。

(5)情感过滤的假设

该假设主张,有相应的可理解输入的环境≠学好目的语,二语习得还受许多情感因素的作用和影响。语言输入只有经历了情感过滤的考验才能够真正吸收。克拉申还认为,习得语言受到包括动力、性格和情感状态在内的诸多情感因素影响。

三、语言学习理论

(一)行为主义学习理论

该理论主要来自巴甫洛夫的"条件反射"理论,受"条件反射"概念的启发和影响,人们开始从实验角度和理论角度对儿童的语言学习过程进行具体的分析和探讨。经过探究发现,儿童的语言学习过程实际上就是在不断地进行"刺激—反应",并且在此过程中逐渐掌握了母语。该理论的主要代表人物有以下几位。

1. 华生(Watson)

在 20 世纪初期,华生建立了行为主义学习的理论,标志着这一理论的产生。华生认为行为主义就是可以通过一些客观方法的运用进行的直接观察的行为。他还认为,人与动物所产生的所有复杂的行为都是受一定的环境影响,并逐渐进行学习而获得的,并且有刺激与反应这一共同的因素作用。基于此,他便提出了"刺激—反应"公式。

2. 伯尔赫斯·弗雷德里克·斯金纳(Burrhus Frederic Skinner)

斯金纳将自己的理论建立在华生之上,进行了进一步的继承和拓展,并且在《言语行为》一书中提到了一系列行为主义对言语行为系统的看法,于 1957 年进行发表。该书的出版还确立了行为主义在语言教学理论中占据的主导地位。

斯金纳认为人们的一些言语或是言语的一部分都是某种刺激所产生的相应结果，而刺激又包括三个方面：一是言语刺激；二是外部刺激；三是内部刺激。通过反复刺激这一动作不仅能够强化学习的效果，还能在一定程度上教会人们使用合适的语言形式。由此可见，重复刺激在学习过程中的地位举足轻重。

行为主义学习的理论在美国盛行了长达几十年，以至于在如今的教育机制中仍地位突出。所以，教师能够采用一些干预活动来指导学生的行为，从而在一定程度上帮助学生掌握学习知识、发展语言的有关技能。除此之外，为学习者提供有关接触语言的材料也是行为主义学习理论的表现之一。

（二）认知主义学习理论

在20世纪的前半叶，行为主义学习的理论占据了主导地位。但是行为主义把所有思维看成"刺激—反应"，在一定程度上忽视了人的意识问题，所以越来越多的学者对其产生了意见和不满。在这样的背景之下，认知主义学习理论开始逐渐发展。它强调学习是对情境的一定领悟和认知而逐渐形成的认知结构，并且主张研究学习的内部条件和内部过程两个方面的内容。其代表性的观点主要有以下几种：

1. 顿悟说

苛勒（Kohler）是德国著名的心理学家，也是格式塔心理学的先驱。格式塔具体指的是被分离的整体或一些组织结构。该理论主张，在学习语言的过程中，要想解决一定的问题，首先就要对情境中事物之间的联系进行准确的理解，才能构成完形，实现语言的学习这一目标。

他还在格式塔理论的基础上提出了顿悟说，该学说主要包含以下观点。

第一，学习并不是"刺激—反应"这一活动的简单连接，而是有一定目的和主动进行了解或顿悟而逐渐组成的完形。

第二，学习并不是由不断尝试错误总结实现的，而是通过顿悟实现的。

2. 发生认识论

瑞士著名心理学家让·皮亚杰（Jean Piaget），主张以发生认识论为核心，主要研究的内容都是有关人类的认识，包括概念、语言、认识发展等多个方面。在他看来，每个人都能追溯到童年时期，甚至胚胎时期。值得研究的相关问题还有人在出生之后是怎样形成的认识和发展思维，这些思维的产生都受什么因素的影响和制约，不同年龄和水平的智力差别和思维结构等。所以皮亚杰把自己的研究重点主要放在了认知发展的阶段性方面和认知发展的机制方面。

他把无法进行探测的大脑进行活动的过程统一抽象成能够直接进行观察的心理模型，并运用一些客观方法对人类的高级认知活动和复杂认知活动进行探究，从而在一定程度上促进了人们对自身的进一步了解和认识。

3. 发现学习理论

杰罗姆·布鲁纳（Jerome Seymour Bruner）的发现学习理论观点认为，学习的本质就是在于主动形成的认知结构，该结构还能够用来感知与概括新事物的一般方式。认知结构实际上是建立在一定的经验基础上，通过不断地改变，从而逐渐了解和学习新知识的内部因素和相应的基础。他将学习分成了三个过程：一是知识的获得；二是知识的转换；三是知识的评价。学习任何一门学科都要学习一系列的新知识，因此每种知识的学习都要经过知识的获得、知识的转换和知识的评价这三个过程。所以，发现学习在某种程度上来讲是最好的学习方式。

发现学习的中心是学生，前提是教师进行的一系列引导和支持，激发学生的学习兴趣和动机，通过引导学生进行观察活动、分析活动和归纳活动，来逐渐培养学生独立分析问题与解决问题的能力。该理论的提出是布鲁纳结合学习论和教育论做出的巨大贡献。

4. 认知—同化学习理论

戴维·保罗·奥苏贝尔（David Pawl Ausubel）在总结了前人的理论之后，将学习分为了两个维度。

（1）以学习方式进行划分

按照此种划分标准，可分为以下两种类型：

第一，接受学习。接受学习指通过定论的形式将要学习的内容传授给学生。

第二，发现学习。与接受学习相比，发现学习并不是将要学习的内容直接呈现给学生，而是通过安排学生进行一系列活动，从而逐渐发现这些内容，再逐渐内化到学生的认知结构当中。

（2）以学习资料和学习者知识结构的关系进行划分

按照此种划分标准，可分为以下两种类型：

第一，机械学习。机械学习的意思是学习者并没有对所学知识进行透彻理解，而是仅仅机械地记住了部分符号的词句或组合形式。

第二，意义学习。意义学习的意思是把符号代表的对应的新知识和学生已有的观念等相结合，建立一种非人为的、实质性的联系。

上述两种维度的结合能够对学习进行再度划分，分为四种类型：①有意义的接受学习；②有意义的发现学习；③机械的接受学习；④机械的发现学习。

奥苏贝尔认为有意义的接受学习能够在相对较短的时间里让学生获得大量的系统知识，是进行教学的第一目标。

他还认为相对有意义的学习过程其实就是原来的观念对新的观念的逐渐同化过程，且该过程主要有以下几种方式：一是总括学习，又叫作"上位学习"，意思就是在已具备的部分从属观念的基础之上总结归纳出一个总的观念或观点；二是类属学习，又叫作"下位学习"，意思就是将从属观念与总的观念进行结合，从而建立起一定的联系；三是并列结合学习，这种是指在学习的过程中，前面所学的知识和现在所学的新知识在某种程度上是相通的，所以，可以借助之前的知识，来获得新知识的意义。

但还有一点需要在学习中注意，虽然学习的意义结束了，但是同化的过程还在继续，因此在之后必须对知识再进行整合和重组，知识才能够掌握得更加牢固。

（三）建构主义学习理论

20世纪90年代，一个新的理论在美国诞生——建构主义（Constructivism），它是对多个学科进行综合而发展起来的一个学科，所以它的理论体系都很多，非常烦琐。所以说不同的研究者有不同的学科理论，这也使得建构主义的理论不同。但是他们都认同知识不是被动接受的，而是认知主体进行积极主动建构的结果。因此这一观点也被所有的建构主义研究者叫作"建构主义的第一信条"。除此之外，建构主义研究的目的就是强调人类对于认识的能动性，展现人类的认识对经验、环境、社会的作用以及对它们的依赖作用，并且指出，知识的意义不是一成不变的，而是随着学习环境的变化不断发生改变。建构主义所研究的相关内容对人类的教育以及对教育的研究都有很重要的指导意义，因此，建构主义在发展的过程中逐渐和教育实践相结合，就构成了建构主义学习理论，并且不断为各个国家的教育改革提供思想上的指导。

1. 建构主义学习思想

建构主义的影响是非常广泛和深刻的，而且对于它的定义也很难具体化，它的思想的进化也是一个曲折的过程。建构主义思想最初的来源始于18世纪，学者代表就是意大利的维柯（Vico）和德国的哲学家康德（Immanuel Kant），而皮亚杰、维果斯基（Vygotsky）被公认是现代建构主义学习理论研究的先驱。

在建构主义学习思想的研究中，有一个鼻祖式的人物，那就是苏联的心理学家维果斯基。他提出了"文化历史发展理论"，这一理论指出了学习者在认知的过程中社会文化历史背景所起到的关键作用，而且还在其基础上发明了新的理论：最近发展区。通过上面的理论，维果斯基指出，个体的学习过程离不开特定的历史背景和社会文化，而且个体在学习的过程中，社会会发挥非常重要的积极作用。维果斯基在前面理论的基础上将个体的发展水平分为了两种：一种是现实的，另一种是潜在的，前一种就是指个体通过自己的活动能够达到的水平，后一种就是指个体不能够独立完成，通过他人的帮助进行完成的水平。前文所叙述的"最近发展区"不属于这两种的任意一种，而是处于两者之间的区域。维果斯基属于维列鲁学派，他们这个学派还在前面理论的基础上对"活动"与"社会交往"和人的高级心理机能的发展之间的作用关系进行研究。他们的研究都给建构主义理论添砖加瓦，使其更加丰满，同时，也为这一理论应用于教学提供了条件。

2. 建构主义学习主张

（1）建构主义知识观

第一，知识是不断进行发展和演化的。建构主义指出，知识并不能表现出某一问题的最终结果或是标准的答案，也不能客观地反映出现实的各种现象，只是人们对于现实世界的一种"假设"或"解释"，而且在这一过程中要借助符号系统的作用。知识不是一成不变的，而是随着社会的推移也会发生改变。

第二，知识存在于主体内部。这一理论认为知识不会存在于个体的外部，而且是以实体的形式，只能存在于主体的内部。虽然人们通过语言符号的形式使得知识有了其外在表现的样式，但是这也不能说明不同的学习者对于相同的知识的理解是一样的。因为不同的学习者之间有不同的经验和背景，而且不同的学习过程对于知识的理解也会有影响。

第三，知识没有绝对，而且不存在终极真理。知识只是通过个人的经验将其进行合理化，而不能对世界的真理进行说明。知识也不能解释世界上任何活动的或是任何问题的解决办法，因为知识总是个体在自己的主观意识上进行建构的。因此，在对问题进行解决时，要根据问题所处的环境进行具体分析，而不只是将知识转移过去。

第四，生存的目的就是掌握知识。掌握知识最根本的目的不是对世界中存在的真理进行研究和分析，而是为了最根本的生存问题。建构主义的知识大部分都是针对学科知识，而且是对学科知识的理解和认识，而且必须都具备一定的用处。科学的知识等同于建构的知识，必须从一定的相关的关系、兴趣以及问题的立场上对其进行验证，还要对它的"生存力"和"可操作性"进行验证，如果在验证过程中，能够发现其在各种各样的语境上都存在合适的知识，并且是有用的，那么它就具有了生存力，并且会被应用。

（2）建构主义教学观

第一，教学目标。建构主义的教学目标有其侧重点，主要侧重于以下几个方面：一是在教学中，注重"理解的认知过程"和起到作用的"意义建构"，并将它们作为中心目标。建构主义强调，如果学生是一个认知者，那么他在生存和感知过程中所做的就是将建构的作用有用化。因此，在教学中，其最基础的目标就是对这种建构的过程进行认可和支持。二是在教学目标中加入专业化知识。客观真理在建构主义的认识理论中是不存在的，但这也不能说明建构主义不承认客观真理的存在，而且在教学目标中将其拒之门外，而是提倡在教学的过程中，也要设计某种学科的专业知识。但是，在激进建构主义看来，学科的知识是某个科学家的论述，并且意识一致而形成的一种理论，而不是一定正确，且不存在矛盾的真理。三是将社会化和文化适应纳入教学目标的行列。社会文化共同体中的儿童或是青少年的发展都离不开社会化和文化适应，并且也成为现代教育的一种教学目标。在建构主义理论中，他们指出，社会化和文化适应能够使人们在成长这一过程产生的思维、行动和其他人有一样的地方，而要实现这种相同的地方，就要学习。

第二，教学活动。教学活动在开展的过程中要体现出一定的特点，在建构主义者看来，优秀的教学活动应体现出以下几个特点：首先，教学环境应该多样化，教学活动在这种环境中开展。这种多样化的教学环境可以使得联系多元化，能够使学习者在这一过程中将新的知识和原来所学的知识相结合，使得理解的角度更多。教学活动要是真实存在的情景和问题，学习者可以在这种环境中对新知识进行理解和建构。其次，通过开展教学活动，教学环境更加多样化，学习者能够在这种学习环境中进行自我建构，并且完成经验的积累和知识的建构。如果学生在这一教学活动中主动对空间进行利用，自觉地意识到学习的时机，并且活动和发挥的空间都是自由的，那么就可以说这次的学习活动就成功了。再次，能够给学生提供一个使其进行自我发挥的环境是建构主义认为的重要的事情。因此，教师不能够根据自己的意愿来组织教学活动，而是根据学生的认知结构、观念世界以及相关经验来进行建构。建构主义教学活动具有以下显著特征：使学生之间的对话增多，不直接将问题的答案讲授给学生；教学活动实施的过程中，鼓励学生对一些错误和矛盾进行论述，并对真理提出疑问。最后，整个教学过程要使学习者一直在"最近发展区"，使学生的发展最大化。因此，教师在组织教学活动时，要结合学生的当前情况，并且对问题进行及时解决。

第三，教学过程。具体教学过程可以进行以下总结：学生通过教师的帮助，能够自主地对相关知识进行建构。这个过程是在学生个体的内部进行的。这个过程要依靠学生当前所拥有的知识、态度和兴趣，并与新的经验进行结合。所以，教师在这一过程中，也要以学生当前所拥有的知识、态度和兴趣为基础，建构出的教学环境能够使得学生在教学过程中获得经验，这样学生才能够在教师的促进中，对自己当前的知识进行建构。

第四，用建构主义看待教师及其专业发展。不要将某种主义、某种教学法强加给教师，而是根据各种途径了解教师现阶段所处的真实环境、思想观念等，而且还要根据他们的各种要求对教师开展相关的培训工作。可以进行反思式的教学，也就是说教师在教学过程中，可以对自己的教学方法或教学过程进行记录，然后再进行相关的讨论，从而对自己在教学过程中出现的问题进行反思。

第二节 高校英语教学的构成要素

一、教师

教师是教学活动的组织者，也是影响教学效果的最重要变量之一。教师的主导作用是在与学生的交往中得以实现的。教师在教学过程中，除了要充分发挥自身的主导作用，更要注重自身素质的提高。一名合格的高校英语教师应该具备以下三个方面的基本素质：

（一）专业素养

高校英语教师专业方面的素养包括以下几个方面：

1. 综合教学能力

综合教学能力是指在英语教学中所需要的语言本身之外的教学能力，主要包括书写、唱歌、绘画、制作、表演等。较强综合教学能力要求如下：能写，即书写字迹工整规范；能唱，即能够结合学生学习的进程编写、教唱学生喜爱的英文歌曲；会画，即会画简笔画，并能运用于教学中；会制作，即能够设计制作适用于教学的各种教具，包括幻灯片、录像、电脑软件等；善表演，即能够充分利用体态语，以丰富的表情、协调的动作表达意义或情感，做到有声有色。

2. 系统的教学理论知识

系统的教学理论知识也是英语教师必须掌握的。所谓系统的教学理论知识，是指教师除了要具备教育学、心理学理论以外，还要掌握英语教学理论知识，这主要包括现代语言知识、英语习得理论知识和英语教学法知识等。

3. 较高的语言水平

较高的语言水平是一名英语教师的基础，主要包括扎实的语言专业知识和较高的语言技能。教师不仅要具备系统的英语语音、语法知识，还要具备较大的词汇量，同时要具有良好的听、说、读、写能力。较高的语言水平是开展教学活动的基本保障，教师只有具备较高的语言水平，才能全面地掌握教材，才能向学生传授英语语言知识，培养学生的英语语言技能。

4. 英语教学的组织能力

英语教学的组织能力主要指教师动员和组织学生集体进行学习的能力。这一能力主要表现在教师有效地掌握课堂、有效地动员学生积极参加学习等方面。在有效掌握课堂方面，教师要做到以下几点：注意教材内容、自己的言语和言语表达；注意学生理解和表达的正确性，包括语音、语法、词汇及思想表达等方面的内容；注意课堂情绪和纪律；注意掌握学生的注意力。做到以上几点，教师才可以使课堂教学井然有序。要想有效动员学生积极参与学习，教师需要具有一定的创造性。教师一进课堂就会进入一种创造性的境界，思维活跃，能够很容易地自由运用知识技能，从而使学生得到感染，愿意全身心地投入教师引导的学习活动中。教师流利的英语本身就是动员学生的一种力量，教师发音要清晰、准确、流利，内容要易懂、明确。而且，还要能根据学生的语言水平来组织自己的语言，使用学生学习过的词汇和语法结构。

5. 传授和培养英语知识技能的能力

（1）教师要善于讲解

讲解是所有教师所必须具备的最主要、最基本的工作能力。一名合格的教师要善于将复杂的教学内容变得通俗易懂，能够深入浅出地进行讲解。为此，教师不仅要充分了解学生的心理、生理特点以及学生的英语水平，还要认真细致地做好备课，并且要根据不同的内容选择适当的讲授方法，在讲解的过程中还要做到重点突出。

（2）教师要善于示范

英语教学既要传授知识，又要培养技能。学生语言技能的训练包括发音、书写、朗读、说话，这些都需要教师进行示范，然后学生对教师的示范进行模仿。教师要将示范和讲解相结合，用示范配合讲解，或者用讲解来突出示范中的重点，做到示范正确标准。由于示范是为了让学生进行模仿，因此还要与学生的实践相结合。

（3）教师要善于提问启发

向学生提问是英语教学的重要手段，教师要善于使用这一手段。例如，在讲授新知识之前通过提问来复习旧知识；用提问检查与复习讲授的内容。使用提问教学手段时教师要注意两点：提出的问题要适合学生的实际水平；提问要注意调动全班学生的积极性。

（4）教师要善于引导学生进行练习

语言技能的培养需要大量的语言实践，如语音练习、语法练习、口语表达练习、听力培养练习、阅读练习、写作练习等。教师要熟悉各种练习形式的作用，并在英语课堂教学中引导学生进行各种练习活动，有效培养学生的语言技能。

（5）教师要善于纠正学生言语中的错误

学生学习英语是一个逐步进步的学习过程，在这个过程中难免会出现错误。有些错误是学生可以自行改正的，教师对此类错误不必纠正。而对于有些必须纠正的错误，教师也应该有策略、有技巧地进行纠正。哪些错误不需纠正，哪些错误需要纠正，在何时纠正，如何纠正，都反映着教师的教学实践素质。

6.较强的科研能力

以往的英语教学只要求教师具备一定的语言水平和教学水平。但是随着时代的发展，教育对教师提出了新的要求，教师除了语言水平和教学水平外，还要具备较强的教育科研意识和科研能力。

（二）师德素养

师德是教师最重要的素养，也是教师从事教育教学活动的动力源泉。师德决定着教师对学生的热爱、对事业的忠诚、对教学执着的追求和对人格的塑造。同时，师德还直接影响着学生的成长。因此，英语教师必须具有坚定的理想信念，科学的世界观、人生观、价值观，忠于人民的教育事业，具有爱岗敬业的奉献精神，热爱学生。教师只有自身真正懂得奉献、体现公正、具有责任感，才能言传身教。

（三）人格素养

人格素养是教师素养的综合体现。"学高为师，身正为范"概括了教师的职业特征和专业特征，同时也概括了对现代英语教师人格塑造的要求。一名优秀的英语教师应具有高尚的道德品行，令人愉快的个人性格，宽容、谦逊、好学的品质，正确的自我意识，良好的心理素质，幽默的语言表达，和谐的人际交往，端庄的仪表风度，崇高的审美素质，积极耐心的工作态度以及丰富的知识经验等。这些方面并不是孤立的，而是相互联系、相互影响的。

二、学生

学生是英语课堂教学的主体和中心。每个学生都是独特的个体，他们之间存在着各种差异，这些差异尤其体现在语言潜能、认知风格、学习动机、学习态度以及自身性格等方面，而且这些差异使他们理解和掌握新知识的速度和程度不尽相同。这里重点分析一下学生在各方面存在的差异。

（一）语言潜能差异

语言潜能是学习英语所需要的认知素质，或是学习英语的能力倾向。努力提高学生英语素质就是要培养学生的综合语言运用能力，而语言潜能正是就学生的认知素质来预测其学习英语的潜在能力。卡洛尔（Carroll）提出外语学习能力应包括以下几种：

第一，语音编码、解码能力，即关于输入处理的能力。

第二，归纳性语言学习能力，它是有关语言材料的组织和操作能力。

第三，语法敏感性，它是从语言材料中推断语言规则的能力。

第四，联想记忆能力，它是关于新材料的吸收和同化能力。

不同学生的语言潜能存在着差异。在教学过程中，教师应了解学生的语言潜能进而因材施教，使之针对不同的学习任务在不同场合发挥各自的长处，以收到事半功倍的效果。

（二）认知风格差异

认知风格是指人在信息加工（包括接受、储存、转化、提取和使用）过程中，表现出来的认知组织和认知功能方面的持久一贯的风格，它既包括个体知觉、记忆、思维等认知过程方面的差异，也包括个体态度、动机等人格形成和认知功能与认知能力方面的差异。不同的学习个体有不同的认知风格。应该说，不同的认知风格各有其优势和劣势，但这并不代表学生的学习成绩有差别。学生之间可以有各自偏爱的信息加工方式，在学习不同材料时也会各有所长。当学生的认知风格与教师的教学风格、学习环境中的其他因素相吻合时，其学习成绩会更好。因此，教师应了解并尊重学生不同的认知风格类型，针对不同的学习任务和学习环境因材施教，妥善引导，使自己的教学特点与学生的需要有机联系，进而取得良好的教学效果。

（三）情感因素差异

情感因素方面的差异主要涉及以下几个方面：

1. 学习动机

学习动机是指激发个体进行学习活动，维持已引起的学习活动，并使行为朝向一定的学习目标的一种内在过程或内部心理状态，是直接推动学生进行英语学习的内部动力，是影响英语学习成绩的一个关键因素。学习动机来源于学习活动，也是学习活动得以发动、维持、完成的重要条件，并由此影响学习效果。

2. 性格

性格是指一个人对现实的态度和行为方式表现得比较稳定但又可变的心理特征，是学生的重要情感因素，也是决定其英语学习成功与否的关键因素之一。人的性格大体可以分为外向型和内向型两种。埃利斯（R.Ellis）认为，外向型的学生善于交际方面的学习，因其喜欢交际，不怕出错，能积极参与英语学习活动，并在活动中寻求更多的学习机会；而内向型的学生在发展认知型学术语言能力上更占优势，因其善于利用沉静的性格从事阅读和写作。对教师来说，研究学生性格差异的最终目的，是为了充分了解学生的个体差异和不同的心理状态，发挥不同性格学生的优势，因材施教，以获得更理想的教学效果。

3. 态度

态度是指个体对待他人或事物的稳定的心理倾向或为达到某种目的而做出的一定努力，是影响英语学习的重要因素之一。态度包括三个方面：情感成分，即对某一个目标的好恶程度；认知成分，即对某一个目标的信念；意动成分，即对某一个目标的行动意向以及实际行动。一般来说，对异文化抱有好感，向往其生活方式，渴望了解其历史、文化和社会习俗的学生，对其文化与语言会持积极的态度，这样就可以获得良好的学习效果。此外，学生对学习材料、教学活动的组织形式及对教师的态度，都会影响到他们英语学习的效果。对学生个体差异的分析是为了使教师能够根据学生的个体差异制订教学计划，选择适合的教学材料和方法，具有重要的实践意义。

三、教学内容

教学内容是连接学生和教师之间的桥梁，也是教学实践中不可或缺的一个重要构成因素。所谓教学内容，就是指在教学活动中为实现教学目标，师生共同作用的知识、技巧、技能、思想、观点、概念、事实、问题、行为习惯等的总和。教学内容是一种特殊的知识系统，既不同于语言知识本身，也不同于日常经历；既要考虑英语学科本身的知识体系，又要考虑学生的年龄特点和实际需求等。一般来说，教学内容包括以下几个方面：

（一）语言知识

基础英语语言知识是综合英语运用能力的有机组成部分，是语言学习和语言运用的重要内容之一。没有扎实的语言知识，就不可能具有较强的语言能力。

（二）语言技能

听、说、读、写是学习和运用语言必备的四项语言基本技能，是形成综合语言运用能力的重要基础和手段。听是分辨和理解话语的能力；说是运用口语表达思想、输出信息的能力；读是辨认和理解书面语能力；写是运用书面语表达思想、输出信息的能力。学生通过大量听、说、读、写的专项和综合性语言实践活动，形成这四种技能的综合运用能力，为真实语言交际奠定基础。

（三）情感态度

所谓情感态度，是指兴趣、动机、自信、意志和合作精神等影响学生学习过程和学习效果的相关因素，还有在学习过程中逐渐形成的祖国意识和国际视野。在教学中，教师应不断激发并强化学生的学习兴趣，引导他们逐渐将兴趣转化为稳定的学习动机，树立自信心，锻炼克服困难的意志，认识学习的优势与不足，乐于与他人合作，养成和谐和健康向上的品格。

（四）文化意识

在英语教学中，文化指所学语言国家的历史地理、风土人情、传统习俗、生活方式、文学艺术、行为规范、价值观念等。对学生来说，接触和了解英语国家文化有益于学生对英语的理解和使用，加深对本国文化的理解与认识，有利于提高人文素养，培养世界意识。因此，教师在教学中要主动向学生渗透文化意识，根据学生的年龄特点和认知能力，传授文化知识，培养文化意识和世界意识。

（五）学习策略

学习策略是指学生为有效地学习和发展而采取的各种行动和步骤。英语学习的策略包括认知策略、调控策略、交际策略和资源策略等。培养学习策略有助于学生有效学习英语，为终身学习奠定基础。使用有效的英语学习策略，可以改进英语学习方式，提升学习效果，还可以让学生学会如何学习，从而培养学生自主的终身学习能力。因此，教师要有意识地帮助学生形成适合自己的学习策略，对自己的学习过程和效果进行监控和反思，培养学生根据学习风格不断调整学习策略的能力,引导学生观察他人的学习策略,与他人交流学习体会,尝试不同的学习策略。

教材是教学内容的重要载体。在新课程改革中,教材是重要的教育教学因素。教材是教师用来教学的材料,也是学生用来学习的材料。简单地说,教材是为教师的教和学生的学服务的,是课堂的必需要素。然而,教材是死的,学生是不断变化的,而且任何教材的编写都受编者水平和资料的限制,不可避免地会存在某些缺点和不足。如果教师一味地以完成教学任务为目的,忽略学生的反应,按部就班地使用教材,恐怕很难起到促进学习的作用。因此,在教学过程中,教师应灵活处理不同的教材,在课上或课下询问学生的感受,及时调整教学的方法和进度。

四、教学方法

语言教学教无定法,贵在有法。在英语教学历史上,有多种教学方法都曾经发挥过重要作用,有效地促进了英语教学的发展。例如,翻译法、直接法、自觉对比法、听说法、视听法、认知法、功能法,以及由此派生出来的口语法、全身反应法、自然法、沉默法、暗示法、交际法等。但是,实践证明,没有哪一种教学方法是最好的、最有效的,也没有哪一种方法适用于所有时期、所有地区、所有教学内容。一名教师在英语教学中采用一成不变的教学方法,必然会使学生感到厌烦。而且,不同的教学方法对不同的语言知识、语言技能各有侧重,综合、灵活地运用各种教学方法,才能有效促进学生英语能力的提高,才有利于学生英语水平的全面发展。

在高校英语教学中,教师应该注意无论使用什么样的教学方法,都必须以学生的语言交际作为教学的出发点,尽量将教学与日常实际生活结合起来,鼓励学生有创造性地、有目的地运用已学语言材料,在新的生活场景中重新组织语句,表达自己的感情。同时,教师应力求使教学过程交际化,教材内容选自真实生活中的自然交际,适合学生的年龄,对处于不同阶段的学生采取不同的教学方法。

第三节 高校英语教学的开展原则

一、以学生为中心原则

学生是教学活动的主体与内在因素，英语教学要以学生为中心，充分发挥学生的主观能动性，提高教学效率。在英语教学中，实施学生中心原则要求教师从以下两个方面着手进行：教材分析要以学生为中心、教学方法和手段的选择要以学生为中心。

（一）教材分析要以学生为中心

教材分析时，教师应充分理解并把握教学内容，了解学生所处的不同阶段的实际情况以及学生的学习能力状况，以此作为调整教学目标与任务的依据；教师还要根据学生的需要，对教材内容和活动进行心理化处理和最优化处理，使教材与学生的经验与体验结合起来，将教材内容变成问题的链接和师生对话的中介，使教材更好地服务于教学。

（二）教学方法和手段的选择要以学生为中心

在英语教学过程中，教师应选取多样化的教学方法和手段，做到以学生为中心。直观的教学方法可以使学生直接感受和理解语言，通过视、听、说可以激发学生参与的兴趣，强化记忆。形象化教学手段可以适应学生的直觉思维特点，因此教师可选择一些利于激发学生兴趣和好奇心的媒体，如幻灯、投影、模型、录音、图片等，使他们积极地参与课堂学习，自然地感知语言，满足个人的需求。

二、循序渐进原则

英语教学的循序渐进原则主要包括以下三层含义：

第一，语言的学习应从口语开始，然后逐渐过渡到书面语。英语包括两种形式：口语和书面语，且口语早于书面语出现。与书面语相比，口语词汇通常较为常用，句子结构简单，学习起来比较容易。学生通过口语的学习可以尽快地获得交际技能，满足日常交际的需要，这样就达到了学用结合的目的。

第二，就听、说、读、写等语言技能的培养而言，教师应该首先侧重培养学生的听说能力，逐渐过渡到读写技能的培养上。听、说、读、写是英语的四项基本技能，应该全面发展，但是在不同的阶段，侧重点应有所不同。听说教学能使学生掌握基础的语言知识，包括语音、词汇、句子结构等，这为读写能力的培养奠定了基础。因此，在英语学习的初级阶段，教师应加强"听、说"的教学，然后再逐步向"读、写"教学过渡。

第三，英语语言知识、语言技能以及使用语言的能力的完成与提高是一个循序渐进的过程。学习英语是一个螺旋式发展的过程，需要反复地循环，但这种循环并非单一地重复，每一次重复在难度和深度上都有所提高。此外，循环往复要求教学中要做到以旧带新，从已知到未知。因此，教师应以学生已有的语言知识和已熟悉的语言技能为出发点，传授新知识，培养新技能。

三、输入优先原则

英语教学要坚持输入优先原则。所谓输入和输出，是指学生通过听和读接触英语语言材料以及学生通过说和写来进行表达。语言输入的量越大、质量越好，语言输出的能力就越强。可见，输入是输出的基础。

输入优先原则的主要依据是埃利斯（R.Ellis）对外语学习中对待语言输入的三个方面特点的总结和归纳：①可理解性，是对所输入语言材料的理解；②趣味性和恰当性，指学习者对所输入的语言材料要感兴趣；③足够的输入量。足够的输入量在英语教学中也至关重要，但目前英语教学对此点有所忽视。

基于埃利斯对语言输入三方面特点的总结，在英语教学中坚持输入优先原则要注意以下几个方面。

第一，注重输入内容和输入形式的多样化。输入形式可以包括声音、图像、文字等，语言题材和体裁要内容广泛、来源多样。例如，利用在日常生活中每天都会接触的文具、衣服、道路标志、电器等就可以帮助学生潜意识中学到许多英语。

第二，教师可以通过视听、听和读等多种手段，尽可能多地让学生接触英语，多给学生可理解的语言输入。教师应该打破课内外的界限，利用声像材料的示范、贴近学生日常生活和学习、适合学生的英语水平、具有时代特色的读物等，扩大学生的语言接触面，增加学生的语言输入，以利于学生更好地学好英语。

第三，着重强调学生的理解能力，为学生提供的语言材料要切合学生的实际情况，具有可理解性与趣味性。向学生输入的材料要符合学生的现有水平，只要求学生理解，不必刻意要求学生即刻输出。从教学方法而言，这也坚持了先输入、后输出的原则。然而仅依靠语言的输入不可能掌握英语并形成综合运用英语的能力，还需要适当的口头和笔头的表达来检验和促进语言的输入。

第四，鼓励学生进行模仿。有效的模仿是模拟生活中的真实情景，注意语言结构所表达的内容。换句话说，模仿最好是让学生身临其境去使用所要模仿的语言。例如，在结对练习、小组练习的时候，让学生根据实际情况使用所学习的语言，才能把声音和语言的意义结合起来，学生才会在课外运用所学语言。模仿是在优先输入语言的基础上，对语言进行的有效练习和输出实践。

四、兴趣性原则

在高校英语教学中，教师应意识到兴趣的巨大作用，尽可能调动学生的内在动机，激发学生对英语学习的主观愿望，以获得更好的教学效果和学习效果。在英语教学中，教师可从以下几个方面入手来调动学生的学习兴趣：

第一，尊重学生的主体性，充分了解学生的特点。教师必须清楚地认识到学生是英语课堂的主体，学生通过积极主动的尝试与创造，才能获得认知和语言能力的发展，教学活动也才能达到预期的效果。教师要根据学生的心理和生理特点，遵循语言学习规律，采用多种教学方式，让学生通过体验和实践进行学习，从而形成语感，提高交流能力。

第二，改变强调死记硬背、机械操练的教学方式以及传统的英语测试方式。英语学习需要一定的死记硬背和机械操练的活动，但是如果机械性操练太多太滥，则很容易使学生降低甚至失去学习英语的兴趣。为此，教师应该以学生感兴趣的方式帮助学生获取知识，使他们在获得交际能力的同时，综合素质也得到相应提高。

第三，对教材进行深度挖掘。教师在备课过程中，应认真地研究教材，挖掘教材中学生感兴趣的内容与话题，使每节课都有让学生感兴趣的内容和活动，以最大限度地调动学生的积极性。

五、系统性原则

在英语教学过程中要遵循系统性原则，目的是使学生对所学内容能有比较系统、完整的概念，在各部分知识之间和新旧知识之间建立有机的联系，在消化所学内容时思路清晰而有层次。具体来说，系统性原则主要涉及以下几点：

（一）系统安排教学工作

英语教学工作的安排要有计划性，要求做到以下几点：

第一，教师要有计划地备课。例如，一篇课文要上八课时，在备课时要一下子备完，不能今天上两节课就备两节课的内容，要一次备好。

第二，教师的讲解要逐步深入、条理分明、前后连贯、新旧联系、突出重点，一环套一环，一课套一课，形成一个有机而系统的体系。

第三，教学的步骤和培养技能的方法应该符合掌握语言的过程。要根据课程的最终教学目的，由易到难，逐步提高要求。

第四，练习布置要具有计划性。要先进行训练性练习，然后再进行检查性练习。此外，练习的形式要具有体系性，相同的练习形式也要有不同的要求。

第五，布置课后作业和讲课的重点应当密切结合。每次作业要有明确的目的，课内课外要通盘考虑。

第六，要经常检查学生掌握知识和技能的情况，每堂课要有一定的提问并做相应的记录，这可以对学生起到督促的作用。对于学生的平时成绩不能仅凭教师的印象来评定，因此对学生平时所做的口头、笔头作业要有记录。

（二）系统安排教学内容

英语教学内容的安排要有严密的计划和顺序。教师应该按教科书的安排特点和班级的情况合理组织讲课的内容，确定讲课的重点。当出现一个生词时，不要急于一次把这个生词的所有意义、用法全部教给学生。当教授一条新的语法规则时，不要一次向学生交代有关这条规则的全部知识，要将知识分步教给学生。教学内容的安排应该服从教学的系统。这样才能由浅入深，由易到难，由分散到系统。

（三）系统安排学生学习

教师要指导学生进行连贯的学习。学习要循序渐进，要经常、持久连贯地学习。因此，教师在教育学生时要有恒心，经常及时地带领学生进行复习和做好功课。此外，教师还要指导学生正确处理好平时和期末的关系。必须向学生明确，即将学习重点放在平时，平时训练要从难从严。坚决反对那种平时学习不努力，期末考试临时抱佛脚、突击开夜车的做法。此外，教师还要经常关心和指导学生的学习方法，并针对学生的个人特点因材施教。

六、真实性原则

鲁子问指出，在英语教学中，坚持真实性原则就是要在教学各个环节上做到真实，以培养学生综合语言运用能力为总目标，以交际法和任务型教学为策略，在真实环境中获得真实语言能力。语用真实是真实性原则的重要内涵。

在英语教学中，教师要实现语用真实，应做到以下几个方面：把握真实语言运用的目的、采用语用真实的教学内容、设计组织语用真实的教学活动、设计语用真实的教学检测评估方案。

（一）把握真实语言运用的目的

英语教学的最终目的是培养学生的综合语言运用能力，这种能力实际上就是一种语用能力。这里的语用目的是指教学内容体现在语用能力方面的教学目的，主要表现在以下三个方面：①语句的语用功能目的；②对话语篇的语用功能目的；③短文语篇的语用功能目的。

（二）采用语用真实的教学内容

在教学开始之前，教师应从语用的角度对课文进行详细全面的分析，研究语句使用的真实语境，准确把握课文中所有语句的真实语用内涵，选用语用真实的例句与练习，这样可以在教学前就指向语用教学，从而保证学生能够获得语用真实的英语运用能力。

（三）设计组织语用真实的教学活动

对学生语用能力的培养应贯穿于整个英语教学过程，因此教师应基于语用真实的指导思想来设计教学活动，将语用能力的培养与呈现、讲解、例释、训练、巩固等课堂教学活动紧密结合起来。

（四）设计语用真实的教学检测评估方案

教学检测评估对教与学都具有重要的作用。设计语用真实的教学检测评估方案，可以找出学生的语用能力存在的不足之处，从而对教学进行有针对性的调整与改进。此外，语用真实会引导学生在学习中更加自觉地把握学习内容的真实语用内涵，强化学生运用英语的自我意识。

七、课内外活动相结合原则

在教学实践中，要遵循课内与课外活动相结合原则，主要是因为二者之间存在的互补性，具体体现在以下两个方面。一是课外活动具有自愿性和选择性，学生可以根据自己的兴趣爱好自愿选择参加感兴趣的活动。课内活动一般是非自愿的，也是无法自由选择的，课内活动必须按照规定的教学大纲有序进行，一般具有统一的课程和课时，这样可以保证全班同学在相同的教育过程中保持相同的步调，既有利于培养学生个性的共同点，又有利于学生系统地习得语言知识。而课外活动则基本上是以学生的兴趣为主，遵循学生的自愿性进行。二是课外活动是真正以学生为中心，由学生独立进行和完成的教学活动，教师只是在有需要的情况下提供适当的帮助，因此课外活动更能发挥学生的主动性和独立性，更能培养学生自主学习的能力。相对而言，课堂教学活动则具有一定的局限性。尽管我们一直提倡课堂教学要以学生为中心，但实践起来并非易事，往往会遇到各种各样的实际困难。

根据我国目前高校的英语教学现状，为了更好地将课堂教学与课外活动相结合，发挥它们的互补作用，我们就要在优化课堂教学的同时，加强课外活动，具体可从以下两个方面着手：

第一，激发学生在课堂活动中的主体积极性。课堂教学实际上是教师与学生以教学影响为中介的交互作用过程，这个过程能否发挥交互作用效果，很大程度上取决于学生的主体积极性。因此，如何激发学生的主体积极性就成为贯穿英语课堂教学始终的问题。

第二，减少课堂教学时间，提高课堂教学效益。就目前我国的高校教学来看，课堂时间总量太大、课外活动时间过少是普遍现象。在苏霍姆林斯基管理的帕夫雷什中学里，只有上午是课内教学，整个下午均为课外活动，但在我国，学校教学基本上等同于课堂教学，课外活动少之又少，这对于学生的个性发展，培养学生的兴趣、爱好非常不利。学生的潜能和优势得不到发挥，学生的创造性得不到锻炼，学生的综合素质怎能有效提高呢？因此，我们提倡高校应减少课堂教学时间，增加课外活动时间总量。与此同时，要提高课堂教学的效益，即师生以最少的时间和体脑耗费取得最大的教学效果，只有在减少教学时间的同时提高教学效益，才能保证整体的教学质量。

八、合理使用母语原则

在英语教学中，教师应当提倡学生多说英语、多用英语，但这并不意味着不能使用母语。在英语课堂上可以合理使用母语，利用母语优势帮助学生理解学习过程中的难点，这对提高教学效果有利无害。合理使用母语原则，包括在英语教学中利用母语的优势和避免母语的干扰两个方面：

（一）利用母语的优势

教师在英语教学中要学会利用母语的优势，借助汉语对一些词义抽象的单词和复杂的句子加以解释。英语学习是在学生已经熟练掌握母语之后进行的学习实践，学生在英语学习之前对时间、地点以及空间等概念已经形成，已学会了表达这些概念的语言手段，况且英汉两种语言在结构和使用方面也存在许多差异，这些语言文化差异往往会造成学习英语的障碍。因此，利用母语的解释可以帮助学生更快、更好地学习和掌握英语的某些概念。适当地使用母语进行教学，有助于学生理解母语和英语之间的差异，了解英语结构和规则的特点，有助于师生之间的顺利沟通和深化对语言差异的理解和消化，从而提高学习效果。

（二）避免母语的干扰

母语交际先于英语第二语言的学习且已基本上被学生熟练掌握。英语的学习是个相当复杂的过程，母语的使用习惯可能会给英语学习带来障碍。在学习英语的过程中适当使用母语，用母语简单讲授英汉两种语言在某一结构、某一用法上的差异和特点是可以的。但对母语优势的利用一定要掌握一个"度"，避免将母语的使用规则迁移到英语的使用上。如果过多地或一味地使用母语，会在很大程度上给英语的学习带来不利影响。在英语教学中利用和控制使用母语，要注意以下几个方面：

第一，目前而言，科学的发展、教学方法的改进和现代教学手段的运用，多用母语作为教学手段的效果日益减弱且劣势日益明显。英语教师结合现代化教学设备，运用更加直观的教学手段有更大的创造空间。

第二，在英语教学中，学生对所学英语词句的理解是相对的。理解包括知道这些语言现象及其隐藏在现象后的本质。在初始阶段，没有必要引导学生过分追求本质，这主要是由于英语的很多用法是习惯问题，很多情况用逻辑推理不通。

第三，在英语教学中，教师应控制使用母语，尽量用英语上课。要充分考虑教师运用英语的能力、学生的理解能力和接受效果，教师尽量用教过的英语讲话，也可以借助图画、实物、表情、手势等直观手段，还可以将关键词写在黑板上，使师生的交际能力在课堂教学中得到有效的提高。

总之，英语教学的过程要成为有意识地控制使用母语和有目的地以英语作为语言交际工具和媒介的过程，坚持合理使用母语原则才能更有效地优化教学效果。

九、最优化原则

在英语教学中，最优化原则体现在某一方面知识内容的教学中，在几种教学媒体都可用的情况下，选用教学效果最好的媒体；教法选择最优化；结构安排最优化；角色搭配最优化；具体运用最优化。针对在非母语环境下进行英语教学的现状，努力营造轻松自然的语言氛围，促进语言习得。因此，多媒体软件和课件要便于学习者操作和控制。具体来说，课件的内容、布局、导航图标性能、菜单功能设计以及学习者的自由度，是影响学习者操作和控制课件的主要因素。为了提高学习效率，减少学习者的焦虑感，增强他们的学习兴趣和信心，课件应该从学习者的需要出发，尽可能地使课件方便使用。

十、精讲多练原则

精讲多练原则既肯定了讲和练的作用，又明确了讲和练的地位。讲涉及的是语言知识，练涉及的是语言技能。下面进行具体分析。

（一）语言知识促进语言技能的培养

既然英语教学将交际能力作为培养目标，那么实践性就是英语教学的特点之一。在英语课上必须以语言实践为主，课堂上绝大部分时间要用于实践。但是适当地传授语言知识，可以帮助学生更好地进行实践，提高学习的效果。语言知识讲授的范围、深度、方法和时机，要由语言实践和教学的需要来决定。

在初级阶段的英语教学中，教材简单并且每课只包含有限的句型和单词，通过反复直接练习就能熟练地掌握。本阶段的教学重点是引导学生养成运用英语的习惯和正确的学习方法。语言材料的有限性，使语言知识的讲授对学生的学习没有多大帮助。当英语教学向高级阶段推进，学生需要学习更多的句型和单词时，教师就需要学生利用单词或句子间的关联来学习，并且从一些语言材料里总结出语法规则。在这一阶段，语言知识的讲授对学生才能发挥出应有的作用。然而，此时还是要注意精讲多练，不能喧宾夺主。

在英语教学的后期，语言知识的讲授有助于培养学生的自学能力。不是一切都在规则的统领之下，有时候最常用、最简单的单词，往往具有不合常规的词形变化和发音规则。这就要求学生多模仿教师，教师不要急于引导学生过多地追问为什么。精讲多练是学习英语稳妥而有效的方法，但随着学习进程的推进和学习内容的复杂化，就很有必要通过适当地讲授一些语言知识来发挥思维理解的作用。

（二）语言操练交际化

语言操练并不等于语言交际，前者关注的是语言形式，使学生在语言操练里掌握语言形式；后者关注的是语言内容，使双方达到相互了解。

1. 语言操练是交际能力培养的手段

英语教学中的语言操练包括以下三种练习形式：机械练习，如句型操练等；有意义的练习，如围绕课文或情景所进行的模仿、问答、复述等；交际性练习，如联系自己的生活实际，利用课文里的词句叙述自己的思想、表达课文学习后的体会等。这三种练习形式在难度、与语言交际的接近程度上都在递进，体现出由操练到交际的进程。英语教学的目的是培养学生的英语交际能力，而不是使学生掌握语言形式。但是培养学生的交际能力，必须借助语言操练这个手段。二者对于英语教学目的的实现都非常重要，缺一不可。语言操练和语言交际相互联系、相互区别，有时没有明显的分界线。教师每次讲授新材料时，都要先进行机械练习，再进行有意义的练习，再进行交际性练习，使学生最后能运用所学的新材料进行交际。不能把语言操练和语言交际对立起来，而是要看到它们之间的联系，一步一步地将语言操练推向语言交际。

2. 将交际场合迁入课堂练习

教师应尽量将交际场合迁入课堂练习，使课堂练习接近语言交际。教师应该创造一定的情景，多给学生一些用英语进行交际的机会，鼓励学生带着表情和肢体动作进行英语交际，要像演戏一样将生活中的交际场合搬进课堂练习。在这个过程的开始阶段，性格严肃的教师和学生可能觉得不好意思，但是随着练习的增多，他们会逐渐习惯这种情况并觉得很自然。教师借助适当的表情、肢体动作进行英语交际，不仅能增加说话的力量，还能够激发学生的兴趣，帮助学生记忆，从而提高教学效果。

3. 将交际形式迁入课堂练习

教师应尽量将交际形式迁入课堂练习，使英语课堂教学模拟日常生活中的交际形式，为学生在日常生活中使用课堂上所学的英语创造条件。日常交际形式包括下面一些：问候、打招呼；会话；自言自语；讲故事；对人、物、画面的介绍；请求、命令；解释或说明事物或问题；演说、做报告；作文、写信。英语教学可以采用这些形式的课堂练习，课堂上将生活里常见的交际形式训练到自然的程度，学生的交际能力就会逐渐提高。

英语课堂的活动包括教师组织教学，讲解单词、课文和语法，布置作业，对学生进行奖评和考核，学生请教师解答疑难问题等，所以教师和学生不缺乏用英语进行交际的机会。教师要努力将所学英语用到师生间的交际中去，积极扩大使用英语的阵地，这样学生运用英语的能力和习惯才能养成。在注意课堂上用英语进行操练的同时，教师还要注意引导学生在课外活动和生活里使用英语。操练服务于使用，使用是对操练的检查和扩展。只有将操练和使用相结合，英语教学的目的才有可能实现。

第四节 高校英语教学的基本思路

一、英语教学的基本思路概述

在应试环境下，英语教育仍把升学率作为培养学生的终极目标。教师苦教，学生苦学，只重视传授应试的书本知识、应试的技能、应试的能力，无视学生的个性特点、个别差异和身心发展的内在要求，阻碍了教学方法的创新，尤其在英语教学中，存在着重语言知识、轻交际能力的倾向。为适应时代需求，对英语教育进行认真的研究和深入的创新势在必行，这对全面推进素质教育，实现教育面向现代化、面向世界、面向未来具有重大意义。因此，21世纪的英语教学要注入以下新思想、新理念。

（一）教师应注重自身全面素质的提高

英语教师应该加强各方面教育理论的学习，特别是学习有关英语教与学的心理知识，提高教学理论水平。

在加强自我学习的基础上，英语教师应积极参加再教育学习，接受再培训，不断提高专业水平，进行知识更新，甚至是教育理念的更新，不能只是传授知识，而更应该给学生提供更多的学习方法。教师也要不断提高自己的语音、语调、听说、师范技能以及现代化外语教学技术等能力，教师可以到校外观摩学习名师的教学方法和教学技巧，亲身体验，提升灵活使用教学资源和发挥学生主体作用的教学技能。在教学工作中，教师应多开展教研教改活动，经常进行听课、讲课、评课工作，与同事们进行交流，组织集体备课、课堂教学专题研究、优质课评比等活动，相互学习，共同提高，从而促进自己的教学工作，提高教学教研水平。英语教师还应开动脑筋，通过自制教具、创设情景等方法解决辅助教材不足以及外语教学设备缺乏的状况。

（二）教师应以素质教育为基础，倡导人性化英语教学模式

人性化教育又称为人本教育，体现了在教育过程中知识接受者的主体地位。随着知识经济在全世界的兴起，人性化教育作为一种世界性的教育潮流已成不可阻挡之势，树立主体意识，造就独立人格，已成为现代国际教育思想改变的一个重要标志，因此任何成功的教育必须充分考虑到学习主体的个性特征。

（三）应使教学方法和教学手段多元化，实施网络环境的英语教学新模式

现代社会信息渠道的多元化必然导致学生获取知识渠道的多元化。从实施素质教育的高度出发，通过多种教学形式，将学生学习能力的培养有机地

渗透到整个教学过程中去。为此，教师应努力探寻和运用行之有效的教学方法和手段，通过形式多样、效果显著的教学方法的尝试和运用，来充分调动学生学习的积极性。语言是文化的载体，也是文化最主要的表现形式。语言离不开文化，文化依靠语言；不同民族有着不同的文化、历史、风俗习惯和风土人情等，各民族的文化和社会风俗又都在该民族的语言中表现出来。英语教学作为一种语言教学，当然也离不开文化的教育。比如，英语词汇在长期使用中积累了丰富的文化内涵，所以我们在教学中要注意对英语词汇的文化内涵和文化背景的展示和介绍，以避免学生望文生义，单纯从词汇本身做出主观而片面的认知和评价。作为第一线的英语教师，必须在学习和实践中不断更新教育教学观念，不断适应时代要求，从教育教学的实际出发，不断学习，不断探索，积极投身到素质教育的伟大实践中去，走进新课程，拥有新思想，迎接新挑战。

二、英语教学中实施创新性思维教学的途径和方法

（一）设疑启智，创设情境，营造氛围，提供创新环境

教育心理学研究表明：学生在没有精神压力、没有心理负担、心情舒畅、情绪饱满的状态下，大脑皮层形成兴奋中心，创新思维也容易被激活。这就要求教师必须营造和谐、宽松的教学氛围，发挥教师的主导作用，突出学生的主体地位。英语课堂教学中每一教学步骤都应多设信息沟，层层递进，可根据一定的教学内容或语言材料，设计适量灵活性较大的思考题，或让学生从同一来源的材料或信息中探求不同答案，培养学生积极求异的思维能力。设计此类思考题，让学生进行讨论、争论、辩论，既调动了学生积极运用语言材料组织新的语言内容，又训练了他们从同一信息中探求不同答案的求异思维能力。

（二）培养自主探究，寓创新思维于英语教学中

素质教育是培养21世纪人才的教育，学生需要能够继续获得知识和能力的科学方法。良好的学习方法，能使学生更好地发挥天赋能力。学生应该

是课堂学习活动的主体，教师应注重培养学生独立学习的能力，给他们更多的自主学习、独立思考的时间与空间；让学生在学习中学会如何去获得知识的方法，以达到培养创新意识、提高创新能力的目的。心理学研究表明，想象是一种可贵的心理品质，是创造的基础。教学中，教师可以通过词汇、句型、语篇教学等启发学生的创新思维。

教授学生进行语篇分析时应注意培养学生思维的多样性和灵活性。教师引导学生对某概念或问题的理解不应限制在某个既定的范围，而应在时间和空间上做些拓宽或变换角度进行思考和分析。

（三）培养发散思维，提高创新思维能力

有研究表明，讨论式、质疑式的教学有利于发散思维、创新思维的发展。要让学生丰富想象，积极探索求异，坚持独立见解，这就要求教师善于挖掘教材中蕴含的创造性因素，通过设疑创设情境，给予每位学生参与的机会，让学生积极运用所学的知识，大胆进行发散创造。

课文教学中，教师要善于设计新颖别致并能引起学生共鸣的问题，让学生在独立思考的基础上，再进行集体讨论，集思广益。也可以用所教的知识，让学生自由地求异发散，编写新的内容。如一篇文章教完之后可以在黑板上写出几个关键词，让学生自己去编一些内容。这样会使学生相互启发、相互交流，从而以创新意识来灵活运用语言知识，让学生凭自己的能力与摸索解决新问题，掌握新知识。在此过程中学生的创新实践能力也得以真正提高。

总之，学生的学习过程既是一种认识过程，也是一种探究过程。教育的过程本身就是一种探索与创造，英语的课堂教学只有学生的主体作用与教师的主导作用很好地进行统一，不断探索课堂教学的新思路、新方法，引导学生发现、探究、解决问题的能力，才能培养学生的开拓精神和创新意识，逐步培养其求异创造能力。

三、英语教学新思路

新时期社会及经济的快速发展为学生提供了机遇，也带来了挑战，英语交流能力成为人才选拔的基本标准之一，而高校英语固定的教学模式直接影响着教学质量的提高。

英语教学一直以来就是高校教育体系中的重要内容，特别是近年来随着改革开放程度的日益深入和国家与世界交流的日益频繁，英语已经渗透到了我们生活中的方方面面，这也就对我们的英语教学提出了更高的要求。就高校英语教学而言，随着高校扩招工作的开展，越来越多的优秀青年进入高校之中，英语作为高校教学的必修课，其重要性显而易见。

与此同时，如何改进和完善高校英语教学模式，提高英语教学水平，培养学生的综合素质，成为当前高校英语教学的一个重要课题。

新课程标准在对高校英语教学目标的界定上，有了更高层次的要求，它要求高校学生在英语课堂学习中着重培养自己收集获取信息和分析处理问题的能力，努力用英语思维方式进行交流和表达，从而提升自己的对外交际能力和对外来文化的认知能力，要培养学生英语的综合运用能力。英语作为一门语言，是人们进行思维表达的工具，其实用性才是学习的真正目的所在。

学习兴趣是学生内部动机的一项重要指标，是学生学习行为的兴奋剂和调节器。学生的学习兴趣一旦被激发和调动，将有效地促进学生的自主学习，从而带来惊人的学习积极性和学习效果。教师应当尊重、保护、支持、培养学生的英语学习兴趣，从学生的需求出发，组织设计英语教学。

针对高校英语教学课时压缩、高校学生英语基础情况不同的特点，现代高校英语教学中，除注重课堂教学有效性的提高外，还应加强课外教学活动的开展，利用高校校园网络教学平台对不同英语基础的学生进行分层教学。在校园网络教学平台教学内容设计中，充分考虑高校学生英语基础情况。根据学生基础的不同进行网络教学内容的设计与应用。对英语基础薄弱的学生完善英语基础知识架构，对口语需求较高的学生进行口语教学与训练内容的设置，对笔译需求较高的学生进行相应专业词汇与语法的教学内容设计。通过以具有针对性的分层教学法为基础的网络教学平台设计，促进高校英语教学有效性的提高。

在课堂教学中，唯有教师与学生以及学生之间能有良好的配合，英语课才能成功。一个好的教学成果需要学生能够踊跃地参与课堂活动，虽然教师组织和设计了各种教学活动，但是追根究底，学生才是我们教学最终的目的和主体。教师应该给学生足够的自学空间和机会，因为学生有自主学习的权利。随着科技的发展，教学方法也在不断地更新，有了多媒体的加入，再配合各种设备和软件的综合运用。这些都为学生提供了实用的现代信息和真实的语言环境，不断地促进学生学习英语的积极性，真正让学生做到自学自练、有话可说，最大限度地激发其学习的热情，使学以致用的目的得以实现。

语言是文化的载体，学习语言也就是学习文化。因此，文化能力的培养是高校英语教学不可或缺的组成部分，而传统的高校英语教学一般着重于语音、词汇和语法的传授以及机械的句型、单词练习，却忽视了英美国家文化背景知识的介绍。高校教师要通过多种方法在课堂上进行文化知识的引入，引导学生针对课文进行相关文化背景知识的收集，并在课堂上对收集的资料以小组形式进行讨论，充分挖掘文章蕴含的英美文化知识，让学生了解英美文化知识的同时，加深对本国文化的理解，以此调动学生学习的积极性，也加深对课文自身的理解。另外，可以截取一些英语电影片段，英语电影从多方面、多角度展示英语国家的文化，经典台词和电影故事本身及电影画面等都向观众传达各种文化信息，可以帮助学生了解英语国家及其人民的思维方式、生活习俗等。

以学生为中心，强调学生对知识的主动探索、主动发现和对所学知识意义的主动建构。外语教学互动模式的建立正是基于这种学习理论，通过对学生学习方法的指导，提高学生语言实际运用能力和终身学习的能力。

一节外语课要想上成功，必须做到以下三点：一是学生要有高度的积极性和参与性；二是教师要按计划使学生熟悉语言材料；三是在课堂上要进行模拟真实的语言交际行为。这也就是所说的课堂教学三要素 ESA，它们分别代表 Engage（激发兴趣）、Study（语言学习）和 Activate（交际运用）。

上外语课时有些人容易开小差，这是因为他们对所学的内容不感兴趣，没有把感情投入学习中去。如果教师能采取一种方式来激发他们，或给他们以挑战，学生的参与积极性会大增。激发兴趣的方法很多，可根据学生的年龄和客观条件采取不同的方式。总体来说，可以通过以下方式：做游戏、唱歌、讨论、讲故事、用实物或多媒体展示等。

根据我国目前外语教学的现状，我们不能完全摒弃传统教学方法。语言学习所指范围较广，从最基本的发音、词汇、语法规则到语言的深层含义以及语言风格等都是语言学习的内容。在教学过程中，我们必须坚持让学生进行语言知识的训练，使他们积累丰富的语言知识。

外语课堂的第三个要素即交际运用，要求学生在教师的指导下用所学的语言尽可能多地进行自由地模拟真实交际。交际运用可以采取很多不同的方式，如角色扮演、讨论、描述、做设计、做采访、讲故事、写作等。

第二章 跨文化交际与英语教学的融合

第一节 跨文化交际与英语教学

我们所生活的这个时代，是一个文明的、进步的、与国际接轨的新时代。在教育上，我们改变以往的传统的旧观念，视野应更为开阔，放得更远。改革开放以后，我们国家发生了翻天覆地的变化，有好多国内的东西传到了国外，同时，也引来了很多新的事物，这样，我们就要加强自身的文化知识学习，跟着我们时代的脚步，一起前进。英语是西方的文化，和我们五千年的历史文化有很大不同，有自己的语言习惯，在很多事物的表达方式上也具有自己的特点。在英语中，同一个语句可以表达很多种意思，用我们自己的思维习惯来解说英语会出现差异。

一、了解西方文化能更好地学好英语

（一）要学好一种语言，就要了解它的文化

用我们有限的知识学习一门陌生的语言是很费力气的，要想学好它就要去了解它，常言道"知己知彼，方能百战百胜"，学习和打仗是一样的，只有用好了方法，了解对方，才能打胜仗。那么，在英语学习中，我们怎样才能打胜仗呢？那就是了解它的语言文化、历史文化、语言习惯等等，有了一定的了解，那么我们学习起来就不再像没头苍蝇一样乱撞了。学习文化是为

学好语言打基础的，了解了西方文化，就了解了他们的生活习惯，语言是为生活服务的，那再学起来就不会那么难了。

很多学生都说，我们用以前的老办法死记硬背，但还是容易忘，平时读得多，听力训练也不少，但却总也学不好，这是为什么呢？在我们国家，很小的孩子就会说话，不用教，不用学，这又是为什么呢？这就是环境文化的影响。了解了一个民族的文化，对它就不再那么陌生了，跟它有关的东西自然就越来越学得顺手了。想要学好英语，就要理解它要表达的意思，只有你熟悉了它，才能在任何时候都认识它。不同的单词在不同的句子中有不同的意思。同一个单词在不同场合也有它不同的用法，这与我们的母语是有很大不同的。听力训练中，我们要听懂它所表示的意思，才能更好地记忆下来。任何新事物的学习都有这样和那样的问题，但是，只要我们掌握了学习要领，了解了它的基础文化的表达习惯，再学起来就不难了。

（二）符合时代发展的要求

英语已经成为世界上通用的语言，随着社会的不断发展，人与人之间、国与国之间的交流越来越密切，各个国家文化、科技交流越来越广泛，英语就成了国与国之间交流不可缺少的交流工具。所以，我们学习好英语是非常重要的。在这里跟大家分享一个小故事，说是有一天，鸡妈妈带着鸡宝宝出去散步，小鸡们正玩得高兴，忽然从树后面跳出来一只猫，小鸡们害怕极了，四散逃走，鸡妈妈急中生智学了几声狗叫，把凶狠的猫吓跑了，小鸡们得救了。鸡妈妈对小鸡们说："孩子们，你们看，学好一门外语是多么重要啊！"这是大家都耳熟能详的故事，但却是有一定道理的。

现如今的时代是科学发展的时代，掌握了人才，就相当于掌握了科技。那么英语作为国际上通用的语言，我们对英语的学习也就变得刻不容缓了，现在我们的学校都开设了英语课堂，硬件措施已经很到位，只有学习英语有关的文化，才能进一步学好英语，达到跨文化教学的目的。

二、培养学生跨文化的学习习惯

（1）从日常习惯用语入手学习英语。日常习惯用语体现了一个民族文化的基础，可以更好地了解文化底蕴，给我们的学习带来帮助。这些都能体现出人们的生活习惯、爱好、风俗习惯等基本知识。以这些语言与我们的语言相比较，找出不同点，可以加强记忆和理解。例如：Where are you？用我们的语言来说是"你在哪儿"，而英语中的你，就是 you 在句子的末尾，而哪儿 where 被放在了句子的开头，而且句子开头是要大写的。所以英语的语法排列和我们的语言是不同的。再比如：Do you want some noodles？在这个一般疑问句中，noodles 这一单词是复数，因为面条不是单一的，是很多根。Good luck！（祝你好运）good 是好的意思，luck 是运气。China 中国，Chinese 中国的，是不是和我们的语言表示有很大不同？straight 直的，go straight on 直着走，kid 小孩，children 孩子们，同样的意思在英语中有不同的表示方法。再比如：tomato 番茄，西红柿。potato 马铃薯，土豆。help 帮助，helping 正在帮忙。spring 春天，the Spring Festival 春节。对比学习，和同一类型归类学习，也可以培养学生对英语的学习兴趣，培养学生的积极性。在口语练习中，要求发音标准，语速不急不缓，并且带有感情地练习。英语的知识点很多，在学习中，要做好笔记，分成几个大纲，把重点难点做好记录，重点复习。单词是英语句子的组成单位，学生掌握的英语单词越多，就越能为后面的英语句型练习打好基础。

（2）在英语句子中，主谓宾的语法顺序和汉语中的排列是不同的，每一种语言的学习都是有困难的，对英语语法的学习要多分析其特点，不能把汉语语法套用其中，这也是很多英语初学者容易犯的错误，只有读得多，听得多，理解了它的意思，才能够找到英语学习的窍门。上面提到，在英语中是分为单数和复数的，汉语中，面条，一根面条，都一样，但英语中，一根面条是用单数表示的单词，一碗面条就是用复数表示的单词。在汉语中，只要分清一、二、三、四声调，就能读清楚课文，而英语中最基础的是音标的熟练。英语中还分为很多不同的时态来表示事物的发展，如现在时、过去时、将来时、过去将来时。想学好英语，就要一步一个脚印，踏踏实实地学习，在学习的道路上，只有认真、努力、勤奋，再加上用对方法，才能得到收获，三天打鱼、两天晒网的做法是不可取的，因此，不论学习什么都要持之以恒，不能半途而废。另外，在学习新的东西时，也不能忘记复习以前学过的，要不然，这样丢三落四，永远也学不好。在课余时间，要多读一些英语方面学习的书籍，找到适合自己的方法，记录下来，和同学多加交流，互相交换经验，以提高学习英语的水平。要想学好英语，就要制定一个明确的学习目标，来激励和促进学习，达到每一天都要有一点进步，学习知识是需要慢慢积累的，从来没有任何捷径。

三、以文化为基础的英语教学

（1）用汉语解释英语单词，以方便记忆。初学者对英语是陌生的，为方便学生记忆，常常采用入门时，用汉字注解单词意思，方便学习；另一方面也便于学生理解，加强了汉语与英语的互相促进学习。

（2）用汉语引导英语的学习，任何文化之间虽有不同，但还是有内在的联系的，用汉语的方式能更清晰地讲解有关英语的知识点，把有趣的内容加入到英语学习中，使学生对英语学习更加有兴趣。任何知识点都是可以互通的，它们之间既有不同，又有联系，还可以相互影响。教学中可以利用这一特点，使学生在两种文化的学习中，共同促进，共同学习。

（3）在日常生活中，多听、多写、用英语对话，多读一些英语类的书籍，扩大视野，也可以在周末或假期看一些英语有关的电影，从多方面多渠道学习英语，在课后作业中布置有关英语写作的短文，常和同学用学到的英语知识讲述有趣的事情，这就是英语学习在实践中的具体表现。在学生之间对话时，也可以采用英语对话的形式，锻炼英语口语的发音、语速、灵活性和现场反应能力。

（4）对比性的学习英语。只要有了对比，就有了竞争意识。在英语学习中也是一样的。就上面所讲的，英语和汉语在语法上、单复数的表示上、时态上都有不同，汉语可以学得很好，那么也促进了英语的学习劲头。有了对比，就找到了学习时的不同点和要特别注意的地方，才能改进学习方法。平时，可以选一段话，用英语的形式把它表现出来，锻炼英语的实际应用水平，提高英语写作能力。

（5）以学英语为目的的汉语语言讲座或教材。英语学习中，有它独有的特点，为了方便学习，可以把这些难点、重点以汉语的形式编辑成册，以方便学生的学习和知识的巩固。

四、把英语的跨文化学习带到实践中

（1）我们平时比较多采用的就是把有关英语学习的本国电影放映给学生看，加深学生对所学有关英语的历史发展、生活习俗等的了解。再比如，组织听一些有关英语的讲座，加强英语知识的学习。在看电影时，要注意英语单词的发音、语法的运用，有时，基础打得很好，但发音不标准，掌握不好语速，也是不行的，所以，在电影中人物对话时，要特别认真地注意这一点。

（2）用所学知识，在教师的组织下，对有关英语国家的历史事件提出自己的看法，再与正确意见进行对比，在学生之间展开讨论，这是在实践中对跨文化交际在英语中的学习。这样，可以让学生更深入地了解西方文化，对学习英语课引起更大的兴趣。

（3）组织模拟西方文化训练。在活动中，由组织者安排学生由本地文化到他国文化在人物身上所表现出来的性格、爱好、思维方式等表演，从活动中，感受不同文化形式下人物的特点，进而更好地增加对跨文化的学习和不同文化的比较。

（4）在行为上实施跨文化练习，提高个体素质。在了解了不同文化后，学生可以学习其他文化中的优点，联系自身的文化修养，分析其利弊，好的方面加以学习，从而提高自身的文化素养。这在跨文化学习中，也是一大进步。

（5）让学生亲身体验跨文化的好处。组织者可以自行制造一个类似跨文化的环境，在这个环境中可以出现一些小难题，让参与者去用跨文化的知识在练习中完成任务，组织者可以适当地提出建议和帮助。

（6）在有条件的情况下，进行实际的跨文化交流。这一点要联系实际出发，在条件允许时进行跨文化的实质性交流。

跨文化交际是时代发展的结果，在英语教学中实施这一文化上的学习，只是跨文化交际的其中的一种表现，它会越来越多地应用到其他领域当中。在英语教学中提倡跨文化学习可以让学生更多了解英语国家的人文历史、生活习俗，通过分析展开讨论，提高学生对异国文化的学习兴趣和他们的文化素质。

在我们这个大"地球村"生活着形形色色的不同文化的种族,要发展,要交流,就要提高我们的文化交际能力,只有不断学习新的知识,才能提高交际能力。要想不落后,就要不断学习,所谓"技多不压身",我们的社会需要全能型的人才,不断学习才能跟上时代的脚步。

第二节 跨文化交际能力与英语教学的融合

当前世界经济已经进入到全球化的发展时期,中国也提出了"一带一路"的发展倡议。大学生的英语语言运用能力,以及跨文化交际能力,对我国的经济发展、国际的文化传播和交流将会起到非常重要的作用。在这种社会发展背景下,教师通过不断地提升教学和研究水平,选用中外文化对比的教材,灵活运用多种教学方法,积极建设跨文化交际资源库和培养学生的实践能力,能够更好地培养和提高大学生跨文化交际能力,让学生为国家之间的文化传播、经济发展做出自己的贡献。

一、跨文化交际能力培养中存在的问题

(一)缺乏对跨文化交际能力的重视

目前中学教育和高等教育都忽视了跨文化交际能力的培养。孟丽君指出:"学生对跨文化交际能力的主观意识薄弱,教师对学生跨文化交际能力培养不够重视。"在这样的教育环境下,学生的跨文化交际知识十分贫乏,交际能力不符合社会发展的需求。

(二)跨文化交际能力的培养面临挑战

首先,大学英语课程不注重跨文化交际能力的培养。听说和读写能力的提高是大学英语课程的主要目标。绝大多数高校的大学英语课程一般设置为听说和读写两种类型。这种设置侧重英语语言技能的培养,却忽略了跨文化交际知识的教学,不利于交际能力的培养。

其次，传统的教材主要是注重对学生听、说、读、写、翻译能力的培养，缺乏跨文化交际的内容。教材通常包含篇章内容的学习、词汇语法的掌握、句子结构的解析等等，对跨文化交际的知识涉及很少。

（三）教师自身跨文化交际能力存在局限

徐雅楠指出："许多教师自身就没有跨文化意识，更别说培养学生的跨文化意识。"一方面，英语教师在专业学习过程中，获取跨文化交际的知识和能力十分有限。另一方面，大部分教师缺乏在国外生活的经历，真正进行跨文化交际的机会非常少。

（四）缺乏跨文化交际知识的资源库

目前常见的学习模式是课堂和网络学习相结合。虽然课堂上有教师进行跨文化知识的教学，但在网络上却没有丰富的学习资源进行自主学习。网上的学习资源也可能不适合本校学生的学习需求。

（五）缺乏跨文化交际的真实环境

绝大多数学生只和身边的同学、老师交流，没有留学生或者外教进行交际，更别说体验职场交际的机会。武真真提出"学校应该尽可能为学生创造使用外语来解决职业问题的环境"。

二、培养和提高学生跨文化交际能力的途径

（一）课程设置增加跨文化交际的教学内容

根据不同的学习需求，跨文化交际的教学任务可以分解在必修课程、后续课程和选修课程当中。首先，在必修课程中让学生了解主要西方国家的政治历史、生活礼仪，掌握基本的社交礼仪和规范。其次，对于跨文化交际能力要求很高的学生，可以用一到两个学期的后续课程，向学生充分地介绍跨文化交际的知识，培养交际的能力。最后，对于跨文化交际能力要求不高且感兴趣的学生，可以通过选修课了解异域国家的概况。

（二）改变传统教学方法，运用多种教学手段

首先，使用案例分析法凸显文化之间的不同。比如下面这个案例：一个年轻的中国女子在美国被一个美国女子恭维她的裙子。美国女子说："它真的很精致。颜色也十分漂亮。"中国女子十分高兴但是略显得尴尬，她用典型的中国方式回答："这只是一条普通的裙子。我在中国买的。"美国女子听后显得有些不高兴。通过这个案例，教师能够清晰地向学生讲述，美国人喜欢接受别人的称赞，而中国人对于别人的表扬要体现谦虚。但是，中国女子这样回答会让美国女子觉得自己对裙子的审美存在问题，让人产生不悦。案例分析法能够让学生对案例进行思考，也能够让学生懂得在特定情景下如何进行正确的跨文化交际。

其次，在教学中设定交际的情境。苏梅涓认为："教师需要为学生设定特定情境，让学生全身心投入情境下展开英语对话训练，并根据语用和情境来做出反应，从而实现对学生跨文化交际能力与英语口语表达能力的训练目的和效果。"比如这样一个情境，让一个学生扮演美国的主人，另外一组男生和女生扮演客人。扮演主人的学生在表演过程中会运用到邀请客人、招待客人、送别客人的交际语言和能力。扮演客人的学生会使用到确定出席、感谢招待和辞别的交际语言和能力。情境教学法能够把每一个教学任务放在一个具体的环境当中，让学生在贴近真实情境的语言环境中交际，从而获得较好的学习效果。

最后，将跨文化知识渗透在教学过程中。王延雪指出："在传统的英语框架结构学习中体现跨文化交际意识培养。"在课堂教学中，教师要把跨文化交际知识融入听说和读写的教学中。口语和听力的训练内容可以涉及国外的文化。比如谈到节日的时候，就可以让学生分析中国的春节和美国的感恩节有什么共同之处和不同之处。在读写课程中，文章背景知识的介绍，也可以选取相关的跨文化交际知识。

（三）教师教学和研究能力的提升

首先，教师对跨文化交际课程进行充分的学习。教师可以在其他高校进行相关课程的进修，比如《跨文化交际实用教程》《英语国家概况》《走进

美国文化》等等。如果本校有开设英语专业，也可以参与课程的旁听，完成这些课程的学习。

其次，教师成立跨文化交际研究团队。跨文化交际包含多个方面的内容，教师可以通过集体的努力，着重对职场交际、日常生活交际开展研究。教师在跨文化交际的研究过程中，通过彼此之间的学习和交流，能够提升自身的研究能力和水平，为课堂教学和学生跨文化交际能力的培养提供有力的支持。

（四）跨文化交际资源的建设

首先，选用适合培养学生跨文化交际能力的教材。刘余梅指出："将中西方文化进行对比、开展相互学习，构建双向性的跨文化交流课程。"教材内容应该包括中国和主流英语国家的地理历史、政治经济、社会文化的介绍。一方面，教师要让学生充分懂得中国的历史和文化，培养学生的归属感。另一方面，教师还应该向学生指出不同国家在某个文化上的不同，并让学生去思考和了解原因，从而避免在交际中产生误解。

其次，组建短视频团队，共同制作跨文化交际的短视频，并上传到学校网站或者学习平台当中。视频内容可以是课本教学内容的扩展和补充，也可以是独立的学习资源。比如，中西方招待客人吃饭的方式就可以做成一个短视频，学生通过视频可以发现中国主人往往会为客人准备大量丰盛的美食来体现自己的热情好客，而美国主人则会按照客人的数量准备好食物，不会有多余的食物，而且食物品种也不会很多。短视频具有时间短，信息量大的特点，能够满足学生碎片化的学习需求。

最后，利用移动端推送学习资源。教师们组建微信团队，搜集与跨文化交际相关的内容，通过公众号向学生推送学习资源。手机端的学习不受地域和时间的限制，同时文本、图片、视频、音频等多种内容形式能够激发学生的学习兴趣，也给学生提供了学习的便利。

（五）学生实践和研究能力的培养

首先，为学生模拟真实的跨文化交际场景。在贴近真实的交际场景中进行实践，能够让学生亲身体验交际方式的差异性。比如在面试的场景中，受到中国文化的影响，中国人不会夸耀自己的能力，甚至还会表现出谦虚。而美国人在参加面试时会强调自己的能力和才华,因为这样才会被招聘公司录用。如果他表现谦虚,反而会让公司觉得这个人没有实力胜任岗位。

其次,培养学生对跨文化交际的研究能力。跨文化交际当中有很多有趣的内容,颜色在不同文化中就代表不同的含义。比如红色,在中国文化中代表节日的喜庆,具有红红火火的寓意;在西方文化当中,红色代表着血腥,会让人产生害怕和恐惧的情绪。教师通过布置写小论文的任务,让学生研究在跨文化交际中感兴趣的内容。学生通过查找、阅读文献可以获取许多相关知识。通过整理、归纳和总结,学生不仅能够完成一篇小论文,还加强了对跨文化交际的认知,增强了自身研究的能力。

跨文化交际能力需要师生的共同努力才能提高。一方面,教师要积极探索新的教学方法,发掘新的教学资源,将跨文化交际的知识融入学生的专业知识当中。另一方面,学生要懂得跨文化交际的重要性,能够在将来的岗位中运用跨文化交际能力开展工作。在跨文化交际能力的培养过程中,学生的语言能力、文化知识和交际能力得到了融合。跨文化交际的教学让大学英语从一门语言课程,变成语言、交际能力和异域文化相结合的综合课程,让英语学习有了更多的收获。

第三节 跨文化交际教学中英语本土化的重构与跨文化意识的提高

一、跨文化交际教学中英语本土化的重构

在跨文化视角下,出现严重的英语本土化身份冲突的现象是很普遍的,该现象的发生非常不利于跨文化英语教学的顺利进行。下面主要分析文化冲突现象的具体体现及英语本土化身份的必要性,并提出了跨文化视角下重构英语本土化身份的具体策略,从而使高校英语教学达到令人满意的教学效果。

随着我国对外开放程度的逐渐深入,西方社会越来越多的人和事物已走进了我们的视野,从而给我们提供了接触西方的机会。我们可以更多地理解西方社会,这对我们来说是件好事,但也并不简单。在跨文化交际中,我们

面临着很多来自陌生文化和国度的思维方式、生活方式等，正是因为这些与我们迥然不同的人的存在，才促使交往的过程中出现本土化身份颠覆的现象。针对这一现象，就需要交际者对跨文化交际有清醒的认识，既要对本民族的语言交际规范准确掌握，同时也要对交际另一方所属民族语言交际的文化习惯及其产生的社会文化背景有全面的了解，这样才能够顺利交流，才不会出现文化冲突。因此，高校英语教师在英语教学中要实现本土化身份的重构，目标是将学生培养成具有跨文化意识的高素质人才，可以以中国国民的身份恰当、流畅地使用英语，并进行国际的交流与合作。

（一）英语本土化身份的必要性

英语的中国化可以满足中国的国际交流及对外交往。英语作为一种交流工具，也是多元文化的载体，被不同国家、不同文化背景的人们所使用。目前，英语已经不再是英国人和美国人的专属语言，而是以各种不同形式被全世界所使用。换而言之，中国人学英语不仅是为了和英国人、美国人交流，也要和其他国家的人交流。基于这一情况，无论是使用美国英语还是使用英国英语都是不妥的，不但言谈举止受到怀疑，还会冒犯到别人。从当前情况看，美国英语和英国英语都已经不是霸权语言了，我们也可以自由地选择适合自己的表达方式。事实上，英语就是一种工具，用来向国际友人表达自己的观点，向国际推广自己国家文化的工具，对方所关注的往往并不是这样一种工具，我们的观点和所介绍的文化才是重点。作为国际通用语，英语使得理解性要求得到满足，同时也正是因为不同的使用方式，才使双方的各自身份得以保持。人们在国际交往过程中，利用英语来表达观点很重要，但是更重要的是你的国民身份，本土化的英语就是一个国家的标志。

中国化英语为我们所用，维护了民族的尊严。国际交往时借助英语不仅能保持我国的价值观及文化特征，更重要的是能够维护我们民族的独立和尊严。语言学家认为，语言并不单纯是一个工具，它是供人们交流使用的。同时，语言学家认为语言也是一个载体，它所承载的是一个国家特有的文化特征、政治内涵和价值观。如果一个人对某种语言盲崇，那么在他的潜意识里就会潜移默化地受到这种语言所代表的价值观的影响，并最终认同这种价值观。但是我们不希望自己的学生在追求所谓的纯正英语的过程中改变了他们的价值观。

（二）跨文化视角下重构英语本土化身份的策略

增加中国化英语的表达，培养本土化英语表达意识。高校英语教学中，教师向学生传达知识或进行交流时不应该过多地用美式或者英式英语，教师要尽可能地让学生感受到更多的本土化英语，尤其是中国化英语，这样有助于学生进行有效的国际交流。教师在课堂上可以多组织学生做听力练习，通过人物的对话让学生熟悉多种口音和多种不同的语言表达习惯等，感受他们的环境，了解他们的语音差别及习惯。除此之外，教师还要多鼓励学生进行口语表达，不用严格地要求学生使用英式英语或美式英语，也无须让学生刻意地去模仿英式或美式地道的表达。由于英语的全球化发展，就必然会形成本土化，学生所使用的英语就会带有本族语特点。教师要让学生尝试使用更多的英语变体，更好地表达具有中国特色的事物，从而增加文化积累，达到灵活使用中国化英语的目的，也提高了学生本土化英语表达意识。

教学方法。从英语教学方法来看，应该结合我国的特色文化，对中国大学生的特点进行深入剖析，同时要多设计几种方法来满足学生的实际需求。例如：对比教学法就是英语教师一个好的选择，在英语教学过程中将中国文化融入其中，并合理地配置教学内容，从中对比出中西方文化的差异。这样的教学方法还能培养出学生的跨文化意识，学生既深刻了解了本国文化，也对他国文化有了了解。教师在授课时可以要求学生在不违反英语语法规则的前提下，用英语表达具有中国特色的事物。

教学目的。英语教学的目的不仅是要理解对方的话语和文化，最关键的是要用对方所能听懂的语言来了解己方所要表达的意思和文化。成功的跨文化交际是以跨文化经历中良好的感受和信仰，以及人们所拥有的行为技巧为基础。跨文化交际不能只局限于对交流对象的理解，还有最为关键的是要实现与交际对象的文化共享，并实施文化影响。能用英语流畅交流的人也不一定就是成功的交际者，至少要实现跨文化交流才算是成功。例如：一些长居海外的华裔们都精通英汉两种语言，但是当他们回到国内就会发现格格不入，其原因就在于他们对汉文化缺少一个了解，只是会语言技巧而已。从这一点看，高校英语教学就要摒弃"一路向西"的旧观念，多从本土角度出发，让学生学习到本土化的英语。

教材内容。教材是学生获取知识的主要渠道，从英语教材来看，内容上必须要坚持遵循规范性和适度性原则。传统的英语教材开卷即为英美风情，闭卷还是美英趣闻，从里到外、从头至末都充斥着洋风洋情，并以国内外熟练使用汉英双语者叙述的中国社会文化英语文本作为基础，以中国官方媒体英语为规范。长期使用这种教材培养出的学生，学成了洋人，却丢掉了本身。所以，我们在选用教材时必须要用那些充斥着大量文化信息的，绝不仅仅是目的语文化信息，尤为重要的是还要有学习者自身的文化信息的内容。我们通常将中西方文化看作是一个整体，中国文化内容只能在教材中占有一定的比例，而英语文化是不可或缺的一部分内容。这样做可以解决学生群体中"中国文化失语症"的问题，也有利于让学生能更多地学习英语国家的风土人情，帮助学生在国际环境下运用英语，实现英语本土化身份的重构。总而言之，教材内容应符合以下要求：一是作为母语文化材料，应是以学习者自身文化为内容的材料；二是作为目的语文化材料，应以英语国家的文化作为学习内容；三是作为国际性目的语的文化材料，应以世界上英语非母语国家的文化作为教材主要内容。英语教材不仅要反映英美文化，所有世界先进文化都应该成为其可能的选择，其中也包括我们中华文化，从琴棋书画、诗词歌赋到经典国粹、名人典故等都可以成为英语教学语料。

随着英语在我国的普及，中国的语言文化也逐渐渗透到英语之中，进而使英语中的表达方式也颇具中国特色，进一步丰富了英语的内涵。目前，我国所需要的是一种能够共同交流的语言，由于英语全球化和本土化已经成为一个事实，所以英语必然会受到国内外越来越多的关注。而在高校英语教学中，教师必须充分考虑英语在多元文化、多元语言环境下的使用及发展，实现国际英语的本土化教学，创造出国际化性质鲜明的新型英语教育范式。这就需要我们加快英语教学的改革，努力培养学生英语语言应用能力和跨文化交际能力，进行这种英语语言的教学过程就是英语教学的本土化身份重构，从而提高了英语教学的质量。

二、跨文化意识的提高

我国当前英语教学存在的弊端之一，就是没有让文化意识的教育"显性"

出来，最多是比较一下汉英在语言结构上的差异，教师在教学中缺乏对学生文化意识的培养，这不利于学生跨文化交际能力的培养。下面从培养学生跨文化意识的必要性、途径和方法以及应注意的问题三个方面，阐述如何培养学生跨文化意识，提高学生的英语交际能力的实践措施。

（一）培养学生跨文化意识的必要性

"文化"是"人类历史发展过程中所创造的物质财富和精神财富的总和"。在英语教学中，文化主要指英语国家的历史地理、风土人情、传统习惯、生活方式、价值观念等。教育部制定的英语课程标准明确指出英语教学应拓展学生的文化视野，发展他们跨文化交际的意识和能力。那么，提出这一要求的原因何在呢？

1. 21世纪社会发展的需要

从某种意义上说，21世纪的地球越来越小，小得犹如一个村落。我们既是中国国民，也是地球村村民。随着各种跨文化交流的日益频繁，除了迅速提高外语水平之外，增强世界意识和全球观念、了解整个世界、了解世界各国文化，已成为各个行业、各个领域、各种群体所面临的紧迫任务，也是社会的发展对我国的外语教学提出的新要求、新目标。

2. 改革我国英语教学的需要

我国英语教学受传统教学理论的影响比较大，在知识教学与能力培养上走向知识传授的极端，在英语教学中把语法的传授摆在首位，忽视了能力的培养，导致了综合运用英语的能力的低下。这与我们一直把英语教学作为一门知识传授的课程而忽视了跨文化意识的培养、促进英语知识向交际能力的转化有相当大的关系。因此英语新课程改革的教学目标中，初中阶段提出"了解文化差异"，高中阶段提出"增进对外国文化，特别是英语国家文化的了解"，来弥补对异国文化，特别是英语国家文化缺乏了解而导致的英语综合运用能力低下的这一结果。

3. 语言本质的必然要求

语言是文化的载体，文化的传播和传授必须借助语言。因此，英语教学中应渗透文化思想。在学习和交际过程中，通过文化丰富语言，通过语言反映文化特色，将二者贯穿始终，才能教好英语，学好英语。培养学生跨文化交际的意识和能力，正是语言本质的必然要求。这不仅能让学生避免由于文化差异而引起的交际障碍，而且也能使学生利用英语这一工具，吸收外来文化的精华，将来也成为我国外来文化交流的使者。

4. 人的生存及发展的必然需要

英语已成为各种国际场合的主要工作语言，据统计，国际上85%的学术论文是用英语发表或宣读的，各学科的主要的学术期刊也以英语为主，它也是国际互联网的主要应用语言。在教学中培养学生跨文化意识，促进其英语交际能力的提高，就是在为每个学生创设未来生存发展的平台和机会。

（二）培养学生跨文化意识的途径和方法

1. 利用课堂介绍文化背景知识

现代英语教学在课堂上有两大特点：一是突出交际能力；二是重视阅读理解能力。因此，我们必须掌握教材的切入点，以利于学生结合文化背景知识和文化内涵来展开活动。

2. 课堂交际，使交际运用与文化学习相结合

要提高学生的跨文化交际意识，培养跨文化交际能力，好的方法当然应该让他们沉浸于英国语言文化的氛围中，这样不仅可以使学生对西方文化有理性上的认识，还可以让他们在同本国文化进行感性比较的同时，学习并理解西方文化。因而在课堂上教师应为学生创设模拟现实生活的交际环境。

3. 大力加强对学生语言能力的训练，把跨文化意识的培养与语言能力的训练密切结合起来

从语言训练来说，教师可以从四项基本技能入手，把文化意识的培养与语言技能的训练相结合。

（1）阅读练习

让学生阅读一些简装本的外国名著，比如说：*Jane Eyre*，*Gone with the Wine*，*Three Men in a Boat* 等，给学生直观的感受。阅读这些名著，可以让学生产生学习英语的兴趣，又可以让学生在潜移默化中了解英语国家的风俗习惯、待人接物的习俗等，从而培养学生的文化意识。另外，也可以让学生

多做一些阅读理解方面的训练，这样既可以提高学生的阅读速度和词汇量，又培养了文化意识，可谓一举两得。

（2）听力练习

现在网络技术非常发达，网上有许多可供教师利用的资料，而且很多资料具有很强的时代气息，教师可以从网上下载一些听力材料（比如美国总统竞选演讲，美国人怎样纪念9·11中丧生的亲人等）或者买一些英语原声录音带给学生听，这既练习了听力，又可以了解异国的风情。

（3）写作练习

教师在指导学生写作练习时，应有意识地加强中西文化差异的比较，通过这一训练将中西文化在称呼、招呼语、感谢、谦虚、赞扬、表示关心、谈话题材和价值观念等方面的差异自然而然地渗透到英语教学中，使学生在学习的同时将其应用到自己的文章中，从而做到学以致用。

（4）口语训练

教师可以通过组织英语角、英语晚会、排练英语小短剧等，创设形式多样的比较真实的语言环境，使学生产生一种身临其境的感觉，从而加强对文化知识的实际运用。

（三）培养学生跨文化意识应注意的问题

1. 注意实用性

在英语教学中，应结合《英语课程标准》的要求，不能只讲花架子，做绣花枕头，而应教会学生如何对别人的事用英语表示关心，如何拜访别人，如何应答别人的夸奖等，解决实际的问题。

2. 注意阶段性

在起始阶段，学生的词汇不多，表达水平不高，在教学中应侧重教会他们一些既简单又常见的跨文化交际知识。如：在教学生如何进行访问时，应教会学生在英美文化中，如想拜访某人，一般要通过某种方式，如打电话、当面约定等，事先给所要拜访的人打个招呼，双方约好会面的时间和地点。而在中国，通常情况下，熟人和朋友之间走动互访一般不事先打招呼。随着教学的不断深入，学生的水平也在不断地提高，到了中高级阶段，在教学中就应该侧重教会学生一些更深层的跨文化交际知识，如价值观念、宗教信仰等。

3. 注重增加背景知识

教师根据课文内容增加相关的背景知识，不但可以提高学生的兴趣，激发他们的求知欲，而且还能加深他们对课文的理解。比如课文涉及手势的内容，我们可以就此介绍一些体态语言的知识，像中国人跺脚表示生气，而美国人则认为这是不耐烦；中国人指着自己的鼻子表示我，而美国人却是指着自己的胸膛表示我。美国的男人在交谈时总保持45~80厘米的距离，男人们之间除了短暂地握手之外，彼此很少接触，他们从不拉手，也不互相搂着坐。而中国人却从不讲究这个，男人和男人，女人和女人，只要是朋友或者关系亲密的人都会手拉着手，这在外国人看来是不可思议的，甚至会被认为是同性恋。

4. 改变思维方式

思维方式对跨文化交际有很大影响。由于中西方有着不同的思维方式，所以在交际过程中，就常常出现一些困难，影响交际效果，造成一些误解。

总之，教师在英语教学中，不能只单纯注意语言教学，而必须加强语言的文化导入，重视语言文化差异及对语言的影响。只有这样，才能引导学生在实际中正确运用语言。教学中培养学生的跨文化意识是英语教学的一项艰巨任务，是时代的需要。因此，教师要不断提高自身的业务水平，扩大知识面，当好主导，把握新的机遇，迎接新的挑战，为培养适应21世纪的人才而不懈努力。

第三章 跨文化背景下的英语教学改革

第一节 跨文化交际视角下英语教学的意义与作用

随着科学技术的不断发展,经济、文化、教育等都在与世界接轨,全球化的发展趋势越来越强烈。因此,英语作为使用范围最广的语言已经被时代赋予了新的含义。在使用英语的过程中,不仅需要吸收本土文化,还要根据异国文化进行改造。在融入了多方面的语言文化之后,英语变得越来越丰富多彩,多样化的英语变体也开始被大家接受,即出现了跨文化交际,它是指任何在语言和文化背景方面都有着差异的人们之间的交际。不同的民族由于所处环境不同,形成了不同的语言习惯。所以,如果在交流中用自己的交流方式进行交际,很有可能出现对方听不懂、做出错误判断的情况,导致交流出现障碍。本节跨文化教学的主要研究对象是大学生,针对大学生的学习情况和特点来进行针对性的跨文化交际研究。

一、大学英语教学中渗透跨文化交际的意义

语言在一定程度上是文化的产物,由于人类的生产活动以及对大自然的改造形成了语言。文化是生活方式的体现,例如,汉字"笛""箫"等不难看出与竹子的密切联系。文化是一种历史传承,也是历史的足迹。例如,美国的圣诞节会与"mulled wine、Christmas pudding"有密切联系,这就说明语言是不可能离开特定的文化而单独存在的。如果一个民族停滞不前的话,那么本民族的文化也会是一种凝固的状态。正如美国的著名语言学家 Sapir

说过："语言其实就是一个环境，语言不能脱离文化单独存在，也不能脱离社会继承下来的传统与信念。"即不同的民族必然会拥有不同的社会环境与风土人情，了解语言所承载的文化有助于从文化意义的角度定位语言文化。

因此，语言与文化之间是相互促进、相辅相成的，学习一门语言就是在学习一种文化。在人与人之间的交流中，文化因素是制约语言使用的一个十分客观的因素。"培养学生时，如果只知道一门语言，却对语言的文化一无所知时，这种培养方式就是最大的错误。"著名的美国外语教学专家温斯顿·布瑞姆拜克曾经如是说。因此，要想让学生了解一种交流工具，就需要让学生了解该国的社会、经济、文化等。英语教学的目的不仅是为了帮助学生了解一门交流工具，更重要的是为了让学生了解一门外语，可以从不同的角度、全方位地了解社会现象，学会在跨文化交际的社会情况下，调整语言之间的变化。

在英语的教学过程中，就需要了解英语与汉语之间的差异性。首先，汉语和英语在语言的表达形式上具有很大的差异性。比如，"饥饿"在汉语中可以用"狼吞虎咽"来形容，在英语中可以用"eat like a house"来形容饿的程度。又如，汉语与英语的人称是有巨大的差异性的。在中国，比较在意辈分之分、关系亲疏之分，而在外语国家比较重视个人权利以及个人的发展，家庭也会用"nuclear family"来表示，"uncle"可以代表叔叔、舅舅、伯伯等。其次，汉语和英语具有思维习惯的不同。英语国家的人思维习惯比较直接，不喜欢拐弯抹角，中国人却比较含蓄。在中国，喜欢先因后果、先假设后论证；而在英语国家，却喜欢先果后因，先论证后假设。

因此，跨文化交际意识在某种程度上包含了汉语与英语之间的差异性。跨文化交际意识的有无以及程度的高低都会在一定程度上影响交际质量，同时也是衡量学生是否真正实现了跨文化的交际。大学的英语教学实际上就是一次跨文化的教学。

在对大学生进行调查时发现，大学生学习英语的动机主要是有三种情形：第一是为了应付大学期间的英语考试；第二是为了找到更好的工作；第三是对英语文化有兴趣。从学生的学习动机来看，在大学生英语教学中渗透跨文化交际意识显得尤为重要。首先，大学生的学习环境逐渐趋于国际化。如今，很多大学已经有实力引进国外正版英语教材以及聘请英语外教，然而，有些学校却没有真正利用好这些教学资源。外教常常反映，在英语课堂上学生的学习积极性很低，与教师的互动性不强。一方面是由于大学生的听力水平有限，有时会出现听不懂的现象；另一方面是由于中国与英语国家的文化具有差异性，不喜欢主动发言，从而使得利用外教资源的效率不高。其次，大学生受到国际化的重要影响。现代化的飞速发展使得物质与精神产业的流通越来越快，将不同国家的不同文化纳入到了同一个"地球村"中，跨文化交际意识成为大众的必需品。如今，全国对于学生的跨文化交际能力要求越来越高，比如旅游专业的毕业生需要能与外国人进行熟练的对话交流，国际经济与贸易专业的毕业生需要与外国人进行生意交易，幼师专业的毕业生需要能与外籍小朋友进行交流沟通。

因此，在大学生的英语教学中渗透跨文化交际意识尤为必要，不仅可以端正大学生的学习态度，还能提高大学生的学习能力。大学生的文化教学是语言教学的催化剂，是语言学习的动机。提升大学生的跨文化交际意识可以在一定程度上提高大学英语教学的质量和学生的学习兴趣，帮助学生更好地了解语言文化、理解部分语言单词的意义。

二、大学英语教学中渗透跨文化交际意识的现状

（一）语言文化的认识错误

在对大学生进行英语学习调查时，我们可以发现，学生经常会出现这样的句子"I have a sister.（我有一个妹妹）"或"open a party（开一个聚会）"，这明显就是中文式英语。汉语与英语在写作过程中，常常会存在情感和态度上的不同。比如"open a party"应该改为"held a party"，held 比 open 更为正式，也更能表达聚会的情境。"I have a sister"，"sister"可以理解成"姐姐"和"妹妹"，在汉语中就有着不同的定义。如果一名毕业生在面试时这样介绍自己，会让面试官很疑惑，是有一个姐姐，还是有一个妹妹呢？

（二）对话文化的认识错误

大学生在编写对话时，常常会出现这样的句子"Good morning,

teacher."在这句问候语中,"teacher"就是汉语式的英文,在英语中,问候语应该是"Good morning, sir/miss."等。比如,在让大学生进行英语翻译时,"我和妈妈笑得直流眼泪",学生会翻译成"I and mother smiles of tears.";"我希望我的朋友能来参加我的生日聚会",学生翻译成"I hope my friends able to my birthday party."在第一句中,学生很明显没有汉语与英语之间的差异结构,将英语的语序用汉语代替了,体现了当代大学生的跨文化交际意识并不是很强。在第二句中,虽然"able"可以代表"能、可以"的意思,但是"able"与"can"有着不同的语言情境,"can"是一个情态动词,而"able"是形容词。学生之所以会混用词性,是因为在汉语中可以灵活使用"能"字的词性。学生在学习英语的过程中,明显可以感觉到,学生在用一种消极的学习态度对待英语,而且习惯用汉语的思维考虑英语,不加思考地运用到英语文化中。因此,大学生的学习方法以及效率都在一定程度上深受中文学习思维模式的影响。

(三)非语言文化的认识错误

大学生在英语学习的过程中,不仅在语言文化方面存在认识错误,在非语言文化方面也存在认识错误。例如,在与外国人进行交流时,很大一部分学生会将年龄、健康作为交流的话题。然而,在英语的交流中,年龄和健康问题却是一个禁忌话题。在与外国人进行交流时,也常会以"You should drink more water and take a good rest"作为诚恳的建议,然而在外国人眼中,好像你是在教育他。因此,由于中西方的非语言文化的差异也会影响人际交流。

(四)情感方向的认识极端

如果一个人对文化和语言的平等观念缺乏一个正确的认识,那么学生就很难理性地把握一个民族的认知。中国的大学生在选择交流对象时,会很愿意与汉语为第二语言的人进行交流。如今,中国大学生对国外节日越来越推崇,对"圣诞节、复活节、情人节"等都十分感兴趣,然而中国的传统节日"春节、元宵节、中秋节、端午节"等却不能用英文准确表达,这就在一定程度上违背了跨文化意识平等的理念。因此,大学生只有充分认识了解本国的传统文化，不断提高自身的传统文化的修养，才能准确地理解其他国家的文化。还有一部分大学生认为，我不出国，在中国就要讲中文，让外国人学习中文才是硬道理，这依然是缺乏平等意识的体现。因此，只接纳中国文化，而不吸收外国文化是不可取的；只喜欢外国文化，而忘记中国文化也是不正确的。

三、培养大学生的跨文化交际意识的影响因素

（一）学生的学习兴趣不高

通过对学生进行调查分析，我们可以发现，大约有75%的大学生对英语学习不感兴趣，对跨文化交际目标不了解。在应试教育的影响下，学生的学习主动性很差，有60%的大学生学习英语是为了考试。学生对于跨文化交际意识的重要性还没有透彻的了解，比较片面，大部分学生只看重国外人的生活方式、节日等，对于英语文化的学习不感兴趣。学生对跨文化交际意识的学习具有十分重要的作用，而跨文化交际意识就离不开学生的求知欲望。相关调查数据显示，大学生对英语的好奇心是有的，但是缺乏一种自主探究的精神，缺少主动学习英语的动机。如今，大部分的英语教师仍采用机械式的教学模式。这种教学模式对于基础较差的学生来说，是一种跟上学习大潮的机会。但是对于基础较好的学生来说，是一种制约。学习动机在一定程度上可以分为表层和深层两种形式，表层动机没有持久性。但是，大部分的大学生学习英语就是一种表层的动机。大部分学生在参加完日常英语考试、英语四六级考试之后，就不会再深层次地学习英语。只有少部分的学生是源于喜爱，受到深层次动机的影响。

（二）教师方法不合理不科学

在大部分的英语教学过程中，由于受到时间和精力的影响，大部分教师只是将跨文化交际内容作为辅助及补充，大学英语教学仍然是以教知识为主要形式。其实，文化知识传授法就是将文化看作是一个国家的文化集中体，不仅包括文学艺术，还包括地理资源、宗教信仰、生产生活等。文化知识教学法就是在承认文化事实的基础上，来不断激发学生的学习兴趣，并通过相关文化知识的教学，让学生可以自如地同外国人进行交流沟通。然而，这种

教学模式存在一定的缺陷。因为事实不是一成不变的，而是处于不断的变化中。除此之外，如果仅向学生传授文化知识，那么学生会加深对文化的偏见。如今，文化教学提倡运用过程教学方法，从而以一个动态的形式教学。

（三）教学过程不统一

通过调查分析可以发现，英语的课外学习时间、条件及资源都不充分，一般的英语考试只有14%的促进作用。如今，大部分的英语教师都可以通过丰富多彩的教学环节来完成基本文化内容的教学，如果将40分钟的课堂时间按照自己的思路进行讲解，就会滋长学生不爱动脑的现象。这样的教学方法是以教师为教学核心，没有体现以学生为主体的学习地位。这样，学生就不会有主动积极地去探索跨文化交际的能力。随着新课改的不断推进与深入，教师比较强调为学生创建轻松和谐的教学环境，为了追求快乐的教学思想，教师就会运用多媒体、视频、PPT等多种形式结合的方法进行教学。虽然不会给学生带来大的学习压力，但是大学生的教学目标应是提高学习自主学习、自主探究的能力，充分调动学生的学习积极性。除此之外，教师的教学评价体系比较单一，大学与高中英语有明显不同的教学任务，是为了提高学生英语的实际应用能力，只通过固定的英语完型、阅读理解、句子翻译等是不能提高学生的主观能动性的。

四、大学生英语教学中渗透跨文化交际意识的策略

（一）结合大学生生活实践，增强大学生对跨文化交际的意识

在大学英语的教学中，教师可以随时关注学生的生活，并从生活实践中挖掘文化。大学生的日常生活是多元化的，他们的所见所闻、所想所感都可以成为学生的感性知识，教师的教学任务就是让学生的感性知识上升到理性知识。

例如，在学生的家庭作业中，就可以将学生的学习与生活实践紧密联系起来。在学生的日常生活中，不管是商场、街边等公共场合，还是产品，都可能会运用双语进行标识。教师可以引导学生学会在生活中记忆英语名称，

从而在一定程度上体会跨文化交际意识的重要性。又如，旅游景区、外贸行业、城市街道，都可以看到用英语标记的地名、路名等，这对于提高学生的跨文化交际意识也起到了促进作用。

（二）结合大学生专业特点，提高大学生对跨文化交际的兴趣

对于主动积极地参与学习活动，学习兴趣是最基本的。如果只依靠简单的教学活动，快乐与兴趣是暂时的，如果可以让学生认识到学习的快乐，此时的快乐与兴趣是长久的。让学生感受到学习的成就感，是激发大学生跨文化交际兴趣的重要源头，而教学目标的多元化可以增强学生的成就感。在大学英语教学中渗透跨文化交际意识，首先要根据大学生的专业特点和发展方向，选择合理科学的教学模式，从而在一定程度上可以满足不同学生的学习要求。在大学英语的教学中，教师应充分考虑社会的人才需求来制定多元化的教学目标，教学内容应具有开放性。

例如，对于音乐专业的学生来说，教师可以通过音乐设置文化情境。在学生进行讨论的过程中，教师可以通过播放英文歌曲来确定主题，以音乐故事的方式导入文化情境。在整个教学情境中，要突出学生的主体地位，角色可以以多个国家来演示。

（三）加强跨文化交际意识的学习，提升大学生的跨文化交际能力

首先，教师需要在自身英语综合素质较高的情况下，让学生意识到丰富的英语文化可以不断提高自身的跨文化交际能力。在整个社会大背景下，教师应教会学生与不同国家的人进行交流时的注意事项，引导学生区分美国、英国、德国等国家的文化群体与个体，并熟练掌握不同的交际策略。例如，为了跟上美国人的节奏，可以用"I beg your pardon"来表达，澳大利亚人可以用"beg yours？"来表达。

其次，大学英语教师应带领学生领悟英语语言文化中的显性与隐性双重部分。通过对不同国家的英语语言文化的学习，大学生就会切实感受到不同国家有不同的英语表达方式。例如，用英语单词"dog"却能表达很多美好的词，"a lucky dog"（幸运儿）、"like a dog with two tails"（非常开心）等，这与中国语言中的意思是恰好相反的。

总而言之，在国与国之间科技文化不断交流的今天，用语言文化观指导英语教学变得十分重要。在大学英语的教学过程中，必须要用规范的文化教学方法，通过不断靠近英语教学目标，来实现英语的跨文化交际。语言与文化是一个整体，教师要充分认识到语言与文化的关系，从而做到在大学英语教学中渗透跨文化交际意识。

第二节　跨文化交际视角下英语教学存在的问题

文化是语言形式所负载的内容，而语言是文化的关键载体，语言与文化密不可分。语言是文化的一部分，有丰富的内涵，蕴含着人们的生活及思维方式，反映出民族的特征。在交际能力中，文化知识及适应能力是其关键组成部分（赵远 2013）。除此之外，不同地区间存在的文化差异一定程度上困扰着人们的交流及沟通，因此，在学习任何一门语言时，学习者只有提升跨文化交际能力，才能在与他人交流的过程中应对自如。英语作为一门国际通用语言，同样蕴含着丰富的文化内涵，需要学习者在学习其语言知识的同时树立文化意识，提升跨文化交际能力。本节主要从跨文化交际的视角探究大学英语教学策略。

一、跨文化交际与语言主观性的内在联系

由于学生的思维方式、语言理解、知识基础等均存在差异，因此在培养其跨文化交际能力时会获得不同的效果。也就是说，在培养学生跨文化交际能力时，教师需要特别关注学生的主观能动性。跨文化交际能力的培养也是学习者重新建构自我语言心理表征的过程。基于此，影响学生跨文化交际能力形成的因素涉及其文化潜意识、既定语言使用规约、个人情感等因素，以及客观世界。同时，主观及客观两方面内容在文化中也有所涉及，一个是客观的约定俗成属性，另一个是主观潜在的情感属性。

在传统的大学英语教学中，教师往往注重传授承载文化客观属性的知识，教学内容大多为交际礼仪、社会制度、一般习俗、敏感话题等，缺乏对文化

主观情感态度的引入，这会在一定程度上使学生失去学习英语的兴趣，陷入模式化学习的僵局。基于此，在探究跨文化交际能力评价及培养时，教师应关注主观因素，而不应过多关注文化的客观属性。具体而言，在大学英语教学中，教师需要充分调动学生学习的积极性，灵活应用多种教学方式，在学生掌握已有语言使用规约及文化知识后，通过多种手段，带领学生实现对跨文化交际的主动创造。除此之外，教师还需要引导学生自我理解及判断各类文化现象，关注及观察重大历史事件及现实问题，找出各类问题的研究方法，进行换位及逆向思考。

二、目前大学英语教学存在的问题

目前，课文讲解是大学英语课堂的主要教学方式。在课堂上，教师注重对写作手法、课文内容、词汇、语法、题材等内容的讲解及分析。这样的教学模式虽然能很好地促进学生对课文内容的理解，打下良好的语言基础，但是无法培养学生的跨文化交际能力和意识。具体表现在以下两个方面：

（一）口语课练习流于形式

在大学英语口语教学中，学生一般通过小组形式谈论或对话。然而，基于母语环境及文化背景，他们通常运用母语思维表达观点、组织语言，忽略英语表达方式及习惯。而且绝大部分教师在口语课上更多地关注学生词汇应用是否得当、语法是否正确、发音是否标准、表达是否流畅，缺乏引导学生关注中西文化差异对语言表达产生影响的意识。在这种情况下，口语课练习流于形式，无法实现提升学生口语水平、培养学生交际能力的目的。

（二）听力练习与文化讲授存在孤立性

在当前的大学英语听力教学中，为了便于学生理解听力材料，文化内容一般是作为辅助材料存在的，教师很少重点讲解听力材料所蕴含的文化内涵，听力练习与文化讲授存在严重的脱节。教师往往是为了让学生练习听力而组织听力练习，不注重把握听力练习的契机，难以培养学生的跨文化交际能力。

三、跨文化交际视角下大学英语教学需要遵循的原则

目前,我国已经在跨文化学术领域开展了多项实践及尝试。从20世纪80年代开始,针对文化教学的关键作用,外语教学研究者逐渐将重点放在对课堂教学,以及文化教学和外语教育间的关系的研究上,主要研究怎样增强外语学习者的文化意识,讨论具体的文化融入实施原则及方法等。针对大学英语教学,我国积极开展了融合英语国家文化与母语文化的互动活动,注重对学生跨文化意识的培养,同时引导学生树立正确对待中西方文化差异的意识。在大学英语教学中,教师需采取多种策略及方法,加强学生对英美文化的理解,以及对英美文化的输入,同时渗透中华文化教育,便于学生充分认识英语文化与本民族语言文化间的差异,避免出现因文化差异而产生的困惑。具体而言,在大学英语教学中融入跨文化交际能力培养需要遵循以下原则:

(一)循序渐进原则

循序渐进原则强调教师需遵循深入浅出、由简到难的原则,逐步在大学英语教学中导入跨文化内容。教师应首先确定跨文化教学的内容,并按照学生的接受能力、领悟能力及语言水平逐级开展,经现象到本质,经简单到复杂。需要注意的是,在贯彻循序渐进原则时,教师应关注跨文化内容的一致性及层次性。在起始阶段,教师应选择便于学生初步感知、了解中外文化差异的内容,并引导学生联系实际生活,设置的教学情境需和所涉及的中外文化知识密切关联,从而激发学生对英语学习的兴趣,扩大学生的知识面,培养学生的跨文化交际意识。在后续阶段,教师可以通过扩大学生接触英美文化的领域及范围,提升他们鉴别中外文化异同的能力,拓宽学生的胸襟、视野,最终实现提升其跨文化交际能力的目的。

(二)实用性原则

实用性原则要求教师为学生提供的语言及融入的跨文化内容与实际生活密切关联。在大学英语教学中融入跨文化交际能力培养并不是泛泛地在教学过程中讲解文化知识,而是要注意其实践与内容的紧密结合。只有学生在实

际生活中感受到学习的重要性，才能激发其学习文化及语言的兴趣，从而使其更具体、生动地认识语言和跨文化的关系。

（三）适度性原则

适度性原则强调教师掌握好"度"，按照英语教学的需要融入跨文化内容。融入跨文化内容并不是大学英语教学的最终目的，而是对传统教学手段的补充、发展及延伸。因此，教师不能本末倒置，太多的文化融入非但起不到促进教学效率提升的作用，反而会成为学生学习的阻力及负担。此外，教师应有计划性、有选择性地讲解内容，教学方法要得当，并培养学生的自主学习能力。

（四）逻辑系统性原则

在大学英语教学中，如果教师在每次遇到文化内容时都不加整合地"一股脑儿""灌输"给学生，就会使教学内容碎片化、零散化，不成系统，无法保证教学的有效性。这就需要教师在融入跨文化交际能力培养时遵循逻辑系统性原则，即在不影响正常教学进度和内容的前提下输入跨文化内容，并将跨文化内容进行整理、归纳、拓展，从而逻辑清晰地、系统地传授给学生，更好地提升学生的文化涵养。

四、跨文化交际视角下的大学英语教学策略

（一）多渠道扩展学生与文化的接触面

在大学英语教学中，教师不能将教学视角局限在课堂教学中，应通过多种手段组织教学活动，多渠道扩展学生与文化的接触面。教师可以适当地将一些课程任务布置给学生，并将其作为日常成绩的考核内容。例如，教师可以让学生就自己感兴趣的西方文化采访留学生，并录制视频。学生可以自由组队、选择采访内容；或者可以组织学生建立 HSK 考试免费辅导班（HSK 考试即汉语水平考试，是为测试母语非汉语者，包括外国人、华侨和中国少数民族考生的汉语水平而设立的一项国际汉语能力标准化考试），对留学生进行一对一指导。这样，学生不仅可以锻炼自己的口语水平，还能提升跨文

化交际能力。此外，教师还可以组织学生开展英语话剧表演、英语演讲比赛等。总之，教师应给予学生更多跨文化交际的平台，提升学生的跨文化交际能力。

（二）借助影视材料

艺术来源于生活，又高于生活。同理，属于艺术范畴的影视作品选材大都来源于生活。很多英语影视作品将英语环境下人们的生活、学习及工作状态生动、形象地展现出来，如在不同场合下怎样应用英语称呼、待客、讨论问题及表达问候等。在大学英语教学中，教师可以为学生拓展恰当的影视作品，通过真实人物的演绎加深学生的印象，帮助学生了解、学习西方文化，感受中西方文化的异同，从而提升跨文化交际能力。

（三）开设公共选修课及专业限选课程

设立不同性质的选修课是拓展学生视野和知识面的有效途径。在大学英语教学中，教师可以按照学生的专业特点有针对性地设置选修课，如针对英语学科教育、商务英语专业学生，可以开展跨文化语用知识选修课程，补充及提升学生的专业知识和跨文化意识。此外，教师还可以设置专门的限选课程，便于实现科学的课程考核及管理评价。

（四）补充课外材料

为了实现对学生跨文化交际能力的培养，教师可以为学生补充大量的课外材料，培养学生的文化素养，强化学生的跨文化交际意识。此外，教师还可以鼓励学生在课后阅读有关中西方文化的英文书籍、报刊等。

语言教学的目的是培养学生的跨文化交际能力，其本质是文化的教学。在大学英语教学中，教师在制订教学目标、选取教学内容时，应仔细考量，认真筹划制订出符合新形势的大学英语教学方案，在培养学生听、说、读、写、译等语言能力的同时，培养其跨文化交际能力。

第三节 跨文化交际视角下英语教学的改革策略

随着我国各个阶层教育的不断提高和完善，大学英语教育也面临着新的挑战，教学改革也已成为教学建设的重点。教育部2017年颁布的《大学英语教学指南》对大学英语教学目标规定如下："培养学生的英语应用能力，增强跨文化交际意识和交际能力，同时发展自主学习能力，提高综合文化素养，使他们在学习、生活、社会交往和未来工作中能够有效地使用英语，满足国家、社会、学校和个人发展的需要。"大学英语的性质指出"学生学习和掌握英语这一交流工具，除了学习、交流先进的科学技术或专业信息之外，还要了解国外的社会和文化，增进对不同文化的理解、对中外文化异同的意识，培养跨文化交际能力"。可见，文化教育已被列为英语教学的重要内容，高校英语人才培养更倾向于培养其跨文化交际能力。因此，我们可以说，有效实施跨文化交际能力培养策略，提高学员跨文化交际能力，是贯彻和落实大学英语教学目标的必要前提和重要途径，也是大学英语教学改革的目标。

针对目前大学英语教学中存在的问题，大学英语教学必须采取有效的改革措施，其中实施跨文化交际能力培养策略，推进大学英语教学改革是一行之有效的办法。那么在改革过程中，该如何培养学员的跨文化交际能力，促进英语教学，结合自身的教学实践以及国内外英语教育工作者、专家的研究成果，笔者总结出了以下一些建议：

一、加强教材建设

在教学中可使用一定比例的英美出版的外语课本教材，里面采用了大量涉及英美文化背景、风俗习惯的材料，有些着重解释了文化上的差异。此外，教员应及时地科学合理地编写一套最能与时俱进的文化教学内容的教材。教材编写思路应以语法为纲，以语言为中心转向，以培养语言交际能力为主，以内容为中心，这样的教材要将语言知识、语言能力、素质教育和趣味性融为一体，从而更好地培养学员的跨文化敏感性。

二、提高教员自身的英美文化知识的储备

要给学员一碗水，自己要有一桶水。苏霍姆林斯基说过："教员所知道的东西，应当比他在课堂上要讲的东西多十倍，多二十倍。"因此，作为英语课堂的主导者、文化内容的传授者，英语教员在掌握驾驭语言课能力的同时，还必须以身作则，注重自身英美文化修养，加强学习，不断丰富自身文化知识，积极进行跨文化交际的实践。只有这样，才能在英语教学中全面把握跨文化交际教学的量与度，以及教学的具体步骤和方法，从而更好地培养学员的跨文化交际能力。另外，教员还应重视文化上的差异，开展英汉语言、文化对比研究，并将研究成果运用于教学，提高学员对文化的敏感性。

三、采用多种教学手段，营造课堂交际场景

为适应大学英语教学改革的需要，培养学员的跨文化交际能力，就必须改变以往那种有意或无意识地忽视文化因素，使语言脱离了文化的传统教学模式，应采用以学员为中心、以实践教学为主的教学方法，引导学员自觉地把所学知识运用到实践交流中去。那么教员就需转变传统的教学观念，切实认识到培养学员交际能力的重要性。在英语教学中应适度地、有选择地、比较系统地将目的语的文化知识融入教学，使语言教学与文化教学相结合。增强学员文化差异意识，使学员认识并接受外国人的思维方式，了解西方的人际关系及交往的深层次模式，从而学会得体地进行交际。

在教学过程中，英语教员在保证学员正确掌握语言知识的前提下，应对礼仪、交际习俗、人际关系、价值观念等文化背景知识进行一些必要的介绍，以便学员透过表层文化看到其实质，并同本民族语言进行适当的比较，了解两种文化现象的异同点。

在教学设备上，利用现代化教学技术辅助教学。教学中可广泛应用多功能语言实验室和多媒体教室等现代化教学设备，播放英语原声电影、纪录片等进行语言和文化的双重教学，把西方文化知识引入课堂。学员从中既可以看到形象的动作、姿态、表情，又能听到纯正的现场语言交际，从而感受到最真实的文化生活环境，了解目的语国家的文化习俗、生活方式、思维方式、

文化背景知识，真正懂得在不同的场合使用不同的语言，减少跨文化交际失误，提高跨文化交际能力。

在课堂活动上，我们可以加入大量的以学员为主导的练习方式，将他们置于有交际的真实环境中，使教学效果达到最优化。比如让学员编对话或角色扮演是英语课堂教学的重要方式。教员配给学员某个特定的生活场景，引导学员注意自己的角色，组织对话，安排情节，模拟英语国家的人们进行交谈和想法表达。实施过程中，对于学员的语言形式正确而不符合角色身份或场合的话必须及时指出来纠正，使他们逐步获得文化差异的敏感性，培养跨文化意识。当有学员在交际时表达困难，词不达意或因为知识面窄，回答问题时没有自己独到的观点或与主流观点相悖，这时，需要教员采用适当的方式鼓励学员，并进行正确的引导，帮助学员建立自信心。

总之，实施跨文化交际能力培养策略，是推进大学英语教学改革目标的重要手段。因此，在大学英语教学过程中，要认真贯彻并落实跨文化交际能力培养策略，让学员更多地接触和了解英语国家的文化，提高学员对中西文化差异的敏感性，切实提高学员的跨文化交际能力。我们相信，融入文化内容的大学英语教学人才培养模式比那些传统的模式更能满足国际交流的迫切需求。

第四章　跨文化背景下高校英语教学内容

第一节　跨文化翻转课堂教学

随着当今社会对能够参与国际事务、进行国际交流的人才需求不断加大，跨文化交际能力培养在高等教育中的重要性日渐凸显。然而受制于诸多问题，跨文化交际课程教学的开展困难重重。所幸，翻转课堂教学模式的引入为问题的解决提供了出路。组织跨文化交际翻转课堂教学需从自主学习资源建设与学习任务设计两方面着力。

纵览我国高校英语教学历史，以培养学生的英语语言知识为目标的通用英语课程长期占据着高校英语课程建设的核心地位，跨文化类课程的建设却始终得不到应有的重视。然而，在国门开放，中西跨文化活动日益频繁的今天，越来越多的高校英语教学工作者、英语学习者意识到高校英语教学绝不应拘泥于词汇、语法、句法的教学，因为这种纯粹的、"惟语言"的教学并不能实现学习者对西方历史、社会、习俗、礼仪等文化信息的了解、提升学生对中西文化差异的认知水平，更不能促进学习者跨越中西文化差异的障碍，准确、得体、顺利地开展跨文化活动。跨文化交际能力的培养应成为高等教育，特别是高校英语教学中的必要内容。

为了凸显跨文化交际教学在高校英语教学中的重要地位，2015年教育部组织专家编写的《高校英语教学指南》（讨论稿）明确指出"各高校应开设跨文化交际课程，培养学生的跨文化意识，提高学生的跨文化交际能力"。

《高校英语教学指南》出台以来，国内高校纷纷响应号召，围绕高校英语跨文化交际类课程教学进行细致研究与实践。然而，受到传统高校英语教学方式的影响，很多高校在进行跨文化交际教学设计时仍旧沿用原有的英语课程的教学形式。但受制于跨文化交际课程教学的复杂特性，这种老瓶装新酒的教学产生的效果并不客观。

一、跨文化交际教学的特性及其对教学改革设置的挑战

（一）文化教学内容复杂多变

文化教学是跨文化交际教学的重要组成部分。从美学、社会、语用等不同层面来看，文化涉及文学、历史、风俗习惯、价值观、礼仪、社交技巧等诸多要素。各要素错综交融，纷繁复杂。故而很难在课上有限的课时内，通过教师蜻蜓点水式的讲授实现学生对西方文化深入、系统的了解。

此外，随着科技、社会的发展，各国人民的价值观、风俗习惯、社会规约等都在发生变化，因此文化是动态发展的。有鉴于此，没有一种出版教材能够真实反映最新的西方文化趋势和信息，真正满足文化教学的实时需求。

（二）提高跨文化能力需要思维训练

文秋芳教授将跨文化交际能力划分为交际能力和跨文化能力。其中跨文化能力包括对文化差异的敏感性、宽容性和灵活性。培养学生的跨文化能力，就要在思想层面提升学生的跨文化意识，使其在跨文化交流中对中西文化差异形成高度的敏感与深刻的洞察力。更为重要的是要引导和训练学生形成求异思维、批判性思维，以及移情能力，使学生能够客观、理智地去看待异域文化，并站在异域文化成员的角度去理解其思想与情感状态，从而达成共鸣，进而实现顺畅沟通与有效交流。

以上所述的意识培养与思维训练需要教师投入大量的时间，深入了解不同学生的跨文化意识与思维能力现状，并有针对性地给予指导与帮助。而这在课时有限、大班授课、教师主讲的传统高校英语课上是很难实现的。

（三）交际能力的提升需要大量实践机会

依据文秋芳教授的跨文化交际能力模式理论，交际能力是跨文化交际能力的重要组成部分。交际能力包括语言能力、语用能力和语言策略能力。在打磨这些能力的过程中，不论是训练学生恰当遣词造句，准确表达自己，还是锻炼学生根据不同的语用情境，选取适宜的话语结构，成功表明自己的交际意图，都要给予学生大量的情景化语言训练机会。然而，在有教师参与的有限的课堂教学时间内，文化知识教学、语言策略讲解等均占据着大量时间，难以实现学生的大范围交际实战训练。

通过上述分析可见，如果直接套用传统的高校英语课程的教学模式，来开展跨文化交际课程教学，肯定是"此路不通"。要解决以上问题，有效开展高校英语跨文化交际课程教学，可引入近年来在我国高等教育界日渐风靡的翻转课堂教学模式。

二、将翻转课堂教学模式引入跨文化交际课程教学的可行性

翻转课堂（flipped classroom），以布鲁姆的掌握学习理论为基础，翻转了传统教学模式中课上学知识（信息传递）与课下做练习（知识内化）两个阶段。学生在课前基于网络学习平台，通过观看微课视频，阅读文本材料，以及与教师和同学在线互动交流等方式，完成基础知识的学习。在课上教学中，教师指导学生自主与合作完成多种多样的拓展语言训练任务，实现语言知识的内化与交际能力的提升。应用翻转课堂教学模式，可在以下方面有效满足高校英语跨文化交际课程教学的需求。

（一）课时安排方面

在跨文化交际教学中，不管是文化知识的学习，文化差异敏感度与跨文化意识的培养，还是跨文化与交际能力的训练都要占用大量时间，需要大幅度增加课时，这与当前高校英语课时日渐缩减的现实产生了冲突和矛盾。然而，应用翻转课堂教学模式，学生的课外网络自主学习在教师的在线实时指导、监督与管控下，在严格的考核评价方式的激励下有序、有效进行，真正

使得课外学习被纳入到了整个教学体系中来，从而极大地扩充了课时量，满足了跨文化交际教学的需求。

（二）教师个性化指导下的思维能力训练方面

跨文化交际教学需要为学生创设大量的思维与能力训练机会，并需要教师在学生的训练中给予个性化的反馈、协助与指导。应用翻转课堂教学模式，基础知识的学习被置于课外进行，课上更多的时间则留给技能训练。这无疑为学生的跨文化交际思维与能力训练，以及师生的交流与沟通增设了大量机会。此外，在课外学习中，网络学习平台的使用，以及各类移动社交媒体的引入，使得师生的一对一实时互动交流成为现实，从而为教师指导下的语言训练开辟了新的场所。

三、翻转课堂教学模式在跨文化交际课程教学中的应用

根据翻转课堂教学的驱动者 Bergmann 和 Sams 的论述，翻转课堂教学模式的建构和实施与一系列要素密切相关，其中较为关键的有自主学习资源与学习任务。据此论述，构建适应高校英语跨文化交际课程教学的翻转课堂教学模式，需从以下方面着力。

建设适应跨文化交际课程的自主学习资源。在跨文化交际翻转课堂教学中，自主学习资源包括与文化知识、交际策略相关的视频、音频、文本、PPT 等多种形式的学习材料。在建设自主学习资源时，教师除了要把握前文所述的主题丰富、信息实时更新等原则外，还应注意以下原则。

启发性原则。文化复杂多变，而教师所能搜集和提供的文化自主学习材料有限，并不能完全满足学生全面、深入、动态地了解西方文化的需求。故在建设自主学习资源时，教师应把握启发性原则，使自主学习资源能够触动和启发学生针对相关文化领域开展自主探究与深入挖掘，激发其通过自主搜集和学习相关材料，扩展文化视野。

文化的复杂性和多变性，决定了跨文化交际教学的教学材料必定主题丰富、涉猎庞杂，且实时更新。这在翻转课堂教学中是易于实现的。在应用翻转课堂教学模式开展跨文化交际教学时，教师可以利用技术手段为学生的课

前学习提供内容丰富、形式多样、与时俱进的在线学习材料。如教师可根据不同文化主题，结合最新资讯录制微课视频、引入国外最新媒体与影视视频材料、节选国际 MOOC 视频、摘用国外近期电子报纸杂志文章等。此外学生也可根据不同文化学习主题，借助互联网搜集大量的文化学习材料。

多样性原则既指自主学习资源的来源可多样化，广集教师自制，国际知名 MOOC 引进，学生根据主题和兴趣自选等众多渠道，也指自主学习资源的内容应涉猎文化知识、跨文化交际技巧、话语策略等多个方面，从而全方位地为学生的跨文化能力与交际能力的提升提供知识基础。

学习任务是贯穿整个翻转课堂教学的主线，是实现英语学习以学生为主体，促使其在"做中学"的过程中提升文化知识水平和跨文化交际能力的关键。适应跨文化交际翻转课堂教学的任务设计一方面需能够有效激发学生的学习动机，强化学生的探究兴趣与参与意识；另一方面要利于促进学生的文化知识学习，跨文化意识培养，以及对跨文化交际技巧与策略的应用。要满足这两大任务设计要求，可从以下方面入手。

多样性原则。ARCS 模型是由美国学者 Keller 教授（1983）提出的旨在通过教学设计激发与调动学生学习动机的模型。依据 ARCS 理论，影响学生学习动机的有四个主要因素，即注意（Attention）、关联（Relevance）、信心（Confidence）和满足（Satisfaction）。"注意"指教学设计要能够引起学习者的注意，激发学习者的学习兴趣和好奇心。"关联"是指教学设计应使学习者发现新的学习任务与已有知识、学习经历或生活经验之间的联系。"信心"是指要让学生感觉到自己有能力完成任务，相信自己能够取得成功。"满足"是指学生通过完成任务获取成功并得到成就感。基于这四个要素，可生成以下任务设计原则，保证跨文化交际翻转教学的任务设计有效激发学生的学习动机。

引发注意原则。在跨文化交际翻转教学中，为了有效调动学生参与任务、完成任务的兴趣，设计的学习任务应具备趣味性、多样性、启发性等特点，以引发学生的注意，激发学生的探究欲。

关联成链原则。依据 ARCS 理论的关联要素理论，在设计学习任务时，应增强各任务间的关联性，使学生所面对的每一个新的任务与上一个任务相承接。各个任务环环相扣，构成任务链，贯穿每一个学习周期，促进学生为了下一阶段学习的有效开展，努力完成现阶段的任务。同时使学生基于上阶段的学习成果进行本阶段学习，从而增强学生完成本阶段任务的信心。

难度纵向递增原则。依据 ARCS 模型的信息和满意要素理论，在设计学习任务时应确保任务难度适中，既具有挑战性，又使学生通过努力研究和执着探索可以获取成功，从而使学生在完成任务时具备能够成功的信心，在不懈努力完成挑战后，获取极大的成就感。对于任务难度的把控应遵循难度纵向递增原则，保证在每节课前、课上和课后的完整学习过程中，随着学生相关知识的不断增长，任务链上的各项任务难度逐一递增，以实现任务的动态难度适中。

以学生的跨文化知识与能力发展为导向创新任务形式。为了促成学生的跨文化知识水平、跨文化交际能力水平的提升，可创新任务形式，有针对性地引入适合跨文化交际教学的新型任务。

文化项目研究任务。西方文化渊博，教师选择传授的文化知识只是沧海一粟。学生的文化学习如果仅止于此，那么他们将只窥一斑，不见全貌。有鉴于此，在跨文化交际翻转课堂教学中，教师可引入文化项目研究任务。课前引导学生结成项目研究小组，围绕不同的文化主题项目，开展合作研究。使学生通过自主查阅和学习大量文化材料，整理和加工文化信息，研究和分析文化特征，深化对相关文化领域的有力把控。课上指导各项目研究小组就研究成果进行汇报，一方面促使汇报小组成员在梳理和提炼相关文化信息的过程中，不断将知识内化于心，另一方面促成各小组间的文化信息共享，实现学生文化视野的全面扩展。

案例分析任务。跨文化交际教学的一个重要目标就是培养学生的文化敏感度与跨文化意识，使学生在跨文化交际中，能够突破母语文化的交际范式，根据自己的意图与交际文化环境，正确选择交际策略与语言，实现得体、恰当地交际。为了达成这一目标，在课前学习中，教师可以引入大量视频形式的跨文化交际案例，使学生接触和熟悉跨文化交际实例，培养其跨文化敏感度。在课上教学中，教师可组织不同小组进行案例分析，并给予指导性反馈与点评。案例教学旨在引导学生运用所学跨文化交际的知识与技巧，进行开放性的思考和分析，从而有效提升学生的知识与技能应用能力。

情景交际任务。交际能力的训练是跨文化交际教学的主要任务之一。在跨文化翻转课堂教学中，可依照翻转课堂"课前传递信息，课上内化知识"的教学流程，在课前发布相关交际技巧、语言策略的视频学习资源，引导学生了解跨文化交际中涉及的语言、语用知识。在课上教学中，教师可应用多媒体设备模拟创设各种情景交际环境，组织学生以小组为单位，进行多情景交际练习，促进学生在仿真交际情景中，应用课前所学交际技巧与策略，进行跨文化交际实践训练，以精进其交际技能，提升其跨文化交际能力。

第二节　文化自信与跨文化英语教学

经济全球化背景下，对英语人才培养提出更高的要求。值得注意的是，近年来高校在英语人才培养活动中，过于将教学模式"西化"，极大程度上冲击学生的文化自信，不利于学生本土文化自信与文化自觉的培养，这就要求从文化自信视域角度出发，对高校英语教学模式进行优化。本次研究将对文化自信概念做简单介绍，分析文化自信视域下高校英语跨文化教学现状，提出文化自信视域下优化跨文化教学模式的路径。

文化自信作为近年来主要文化课题，要求学校教育以此为出发点，在教学教育活动中帮助学生树立文化自信。特别对于高校外语学习活动，学生在学习过程中需接触中西方文化，极易丧失文化自信，这与高校英语人才目标完全脱离，但如何在英语教学活动中帮助学生树立文化自信，培养学生跨文化交际能力，成为值得考虑的问题。因此，本节从文化自信视域视角出发，对高校英语跨文化教学模式构建研究，具有十分重要的意义。

一、文化自信基本概念解读

关于文化的概念，早在《易经》中便提及"刚柔交错，天文也；文明以止，人文也"。主要用于描述人类对自然现象的认知与改造活动，彰显器用的同时也有一定意义。而英文中的"culture"，则被理解为人类通过自身力量对自然物取得的成果。无论中西方哪种对文化的概念，均可发现实质为对人类意义与价值的追求。而在此基础上提出的文化自信，可被理解为一个民族、一个国家充分肯定与践行的文化价值。

二、文化自信视域下高校英语跨文化教学现状

"生产性双语现象"是近年来高校英语课程开展的重要理念，其主要指在英语教学活动中能够对学生在语言、文化等多个层面进行培养。然而从当前英语教学情况看，仍有较多教学不足情况，表现为多方面，首先在英语课程目标上，教学活动中无论着结构语言学、语法或交际语言学方面，均对语言技能给予重点关注，其意味着在课程目标完全停留在教学型目标上，包括语言规则、语言知识等，而课程潜在教育性价值却被忽视，这便导致学生所学习的为语言基本功，而非利用外语看世界，东西方沟通能力因此降低。其次，在高校英语课程内容上，目前英语教学活动中无论教学者或学习者均存在沉浸于英美文化中的现象，"中国文化失语"问题突出，造成学生更认同英语国家文化，难以将本国文化对等、主动输出。尽管近年来国内各类考试如四级、六级，均设置汉译英题型，将中国社会发展、经济、政治、文化内容融入，以此平衡课程内部不同文化，但在课程实践活动中，无论教学内容或教学形式，目的语文化仍为主流。最后，教学方法问题，如教学活动中，未能选择有效的方法帮助学生树立文化自信，学生跨文化交际能力难以得到培养。

三、文化自信视域下高校英语跨文化教学模式构建路径

（一）课程目标优化

针对当前高校英语教学现状，首先应注意在课程目标上优化，尽管高校英语教学要求学生习得新的语言，但为适应"文化强国"战略，教学目标设置应围绕中国文化。例如，教学活动中可将学生文化敏感性作为主要内容，主要强化学生文化敏感性，如部分课程学习中，包括英美文学、英美概况与影视欣赏等，教师需引导学生在了解西方文化的基础上，做好中西宗教信仰、价值观与风俗习惯对比，以此提升学生对中西方文化的认识。另外，为使学

生跨文化交际能力得以提高，可考虑围绕课程目标在课程设置上优化，如跨文化交际学、国情语言学以及语用学等，在保证学生习得语言的同时，跨文化意识得到培养。

（二）课程内容优化

作为国际通用语言，英语学习不再局限于传统"mogolingual"英语单语模式上，更倾向于"multicultural"多文化、"multilingual"多语，此时可考虑借助英语学习实现中国文化"走出去"。教学活动开展中，应考虑将中国传统文化内容融入其中，包括语言文字、历史、建筑、文学、宗教、文学与学术思想等，鼓励学生在学习中主动对中西文化对比，且注意"扬弃能力"的提升，强化学生跨文化交际能力。

（三）教学活动优化

英语教学活动开展中，应注意在教学方法上优化，尤其是提升学生语言能力。如教学中引入第二课堂，如中西方常见禁忌语、谚语等，或开展关于西方节日的专题晚会以及欣赏原版电影、辩论赛等其他活动。教学活动的优化，不仅吸引学生参与到课堂活动中，同时有助于强化对中西方文化的理解。

文化自信是目前高校英语跨文化教学模式需关注的重点。实际开展教学活动中，应正确认识文化自信的基本概念，立足于当前跨文化教学活动中存在的问题，采取有效的优化措施，包括课程目标、课程内容与教学活动优化等，确保高校英语跨文化教学模式更加完善。这样在跨文化教学模式构建下，可有助于提高教学质量，同时在帮助学生提高跨文化交际能力、建立文化自信方面均有积极意义。

第三节　产出导向法与跨文化英语教学

在英语教学中，不仅要关注英语语言体系的学习，还要注重培养学生的跨文化交际能力。英语教学的根本目的是将英语当成交际工具，完成双方的交际。以语言主观性视角探究基于产出导向法的高校英语教学模式，在此教学实践中，用输出驱动来推动语言输入，最后达到较高甚至更高质量的语言输出。通过教学实践证明，该教学模式能够促进学生的跨文化交际能力培养、个性化学习方法的形成和学生自主学习能力的发展，符合高校英语教学改革的要求。

现阶段，高校英语教学一直存在"费时低效""重知识、轻应用"的现象。虽然英语教学改革取得了巨大的成果，但很多教师采用"填鸭式"教学模式，忽略学生语言运用能力和交际能力的培养，导致了学用不统一现象的产生，学生的语言知识与语言运用能力失衡，英语实际运用能力薄弱，很多学生经过多年的英语学习后，仍很难与外国人面对面交流。此教学模式下，学生的学习兴趣根本调动不起来，课堂上也产生了被动学习的习惯，变得越来越懒惰，很少主动探索和思考，更不用提自主学习能力与探究能力的提高。根据《高校英语课程教学要求》，高校英语教学应该能促进学生的个性化学习和发展，并培养学生的自主学习能力，要使语言学习效果最优化。

一、语言的主观性与跨文化语用能力

国内语言学界目前普遍采用下述定义："'主观性'是指语言的这样一种特性，即在话语中多多少少总是含有说话人'自我'的表现成分。也就是说，说话人在说出一段话的同时表明自己对这段话的立场、态度和感情，从而在话语中留下自我的印记。"语言并非一个静止的、封闭的、自给自足的系统，它会在使用过程中受到影响而发生动态的变化，在这种动态变化中获得创新与发展。随着人们认知的不断深入与丰富，语言系统本身、语言使用系统、人类的认知系统及概念系统会被不断扩充，在使用中产生新的内容，失去原有的客观意义，留下自我印记，形成新的概念，逐渐体现表明使用者立场、情感、态度或评价等自我因素的主观意义，同时也体现了人们在语言使用中的创新意识。

文化作为语言的载体也同样如此，一方面文化具有客观的、已有的、显现的和约定俗成的特性，另一方面还有着即时的、潜在的、主观的、个人的、情感的特性。如果只强调文化的客观属性，教学中就会缺少主观能动性，教学内容与方法也会倾向于传授已有的文化事实，从而使知识的传授缺乏实际性和实践性。因此，在理解跨文化语用能力时，我们需要关注文化的主观属性，即要重视学生跨文化能力中的思维能力,在教学中除了要传授单纯的课本知识,让学生了解已有的文化事实和掌握一些已有的交际规约外,还要引导学生去感受和体验现实的客观事物,设想自己亲身体验跨文化的场景,培养学生对社会客观现实问题有敏锐的观察与关注能力,并引导学生发挥自己的主观能动性,对其文化现象做出自己的主观理解与评判,进行换位或逆向思考,形成独立的分析与判断,构建出自己特有的跨文化语用知识体系及能力。

二、产出导向法

"产出导向法"是文秋芳教授继"输出驱动假设"和"输出驱动—输入促成假设"之后提出的针对我国成人外语学习的教学理论,包含三个核心环节:一是"驱动"环节,旨在激发学生完成任务的热情,提高学习英语的动力;二是"促成"环节,教师提供必要的输入材料,引导学生通过对听和读材料的选择和加工,获取完成任务所需的语言、内容、语篇结构等信息,促成产出任务的完成;三是"评价"环节。

三、产出导向法在跨文化教学实践中的运用

产出导向法的教学流程包括驱动、促成和评价这三个阶段,其中,教师起着中介的作用,而非主导的作用。根据此三个阶段,以新视野高校英语(第二版)第二册第四单元 A Test of True Love 为例,笔者经过反复修改与完善,设计出了一个教学计划,哈尔滨理工高校机械 2016 级 A2 班学生进行了 2 周的教学实验,每周 2 学时,班级人数为 45 人。

(一)教学主题

笔者以"真爱的考验"为主题,以爱情作为交际背景,一是学生对于这一情景并不陌生,有利于教学的开展;二是本单元的选取既有利于提高学生的语言综合运用能力,又有利于提高学生的跨文化交际能力。

1. 驱动

不同于以往的传统教学,基于产出导入法的高校英语教学模式在本单元的开始就进行了产出的驱动。

2. 教师呈现交际场景

"教师呈现交际场景"是基于产出导入法的高校英语教学模式最具创意的部分。在学生学习本单元之前,教师就明确向学生介绍他们在今后的学习或工作中可能会遇到的交际场景和讨论话题,将之前在互联网上搜索到的其他院校学生拍摄的关于"真爱的考验"小视频呈现给学生,使他们将自己置于这些情景当中,感受此情景的存在,并思考在这些场景中所要讨论的话题及语言产出过程中可能遇到的困难。

3. 学生尝试完成交际活动

学生尝试完成的交际活动有两种:一是以小组为单位模仿不同的人物角色,并结合实际改编课文剧本,值得指出的是,此过程中,学生必将在剧本中加入自己的情感、态度或想法等,使剧本带有主观性;二是小组成员可以根据故事场景绘画出简笔画,随后让其他组的学生看图描述故事场景。此任务中的文化点介绍、剧本的改编和角色的扮演等均属于语言使用范畴;目的都是为了完成语言输出,提高自己的跨文化交际能力。在此过程中,学生会亲身体验到,完成这样看似简单、平常的产出任务并不容易,平时排练过程中会遇到很多语法错误的句子或不会表达的句子等尴尬。这就使他们对知识有一种渴望,产生了一种学习的压力和动力。

4. 教学目标

教学目标包括语言目的和跨文化交际目标。语言目标包括:(1)完成任务所需的基本词汇和短语表达,并能熟练地运用到日常交际对话中;(2)根据课文重点词汇完成与四级相关的翻译练习;(3)掌握多种猜词意的方法;(4)运用暗喻(metaphor)等修辞手段。值得指出的是,这些语言目标一定要能为交际目标服务。跨文化交际目标即培养学生的跨文化交际能力,具体表现为:一是培养自己的跨文化意识;二是能够将本民族文化和外来文化有机结合,有效地进行文化交流。

(二)促成

在此环节中,教师描述产出任务,依据产出导向法,不同于传统的教学方式,重新设计教学环节。笔者根据机械 A2 班学生的外语水平,对教材中原有的产出情景的难易程度做出了适当的调整，并根据学生本身的外语水平的差异，列举了有区别性的产出任务，这样，不同水平的学生可以进行选择学习，充分发挥自己的优势、潜能。然后教师将大任务分成若干小任务，在上课前分配给学生，让学生的学习有的放矢，让学生带着任务去学习，来驱动输入性的听和读，教师分别完成教学环节中的各项设计任务。本单元的产出任务呈现方式分两种：一是以拍摄小视频的形式，学生的拍摄地点可以选择校园的任何角落，剧本可根据课文进行自由改编，旨在表达本单元主题；二是看图说话形式，笔者在网上搜索了关于《真爱的考验》的不同图片，要求学生只看图片，重复每一幅图的大意。在此过程中,学生要把握全文的大意，有意识地关注在产出任务时所需的重点的、有用的词汇以及短语和句子结构等。不管何种形式的产出任务，学生都会按照任务的要求，将自己的主观态度、情感或想法体现在自己的语言中，有利于提高自己的语言产出能力。

（三）学生产出

在本教学实验中，学生的产出活动主要以说为主，在教学过程中，开始于说，又以说为最终结果。值得指出的是，学生在产出之前，一定要有必要的输入，输入主要以阅读有关"真爱的考验"的文章以及观看关于"真爱的考验"的视频，利用相关的文本话题和相关情景实施产出活动，目的在于激发学习的动机或激活原有的知识。其"相关"不仅体现在内容上，还体现在价值上和态度上等，这样就将"说"和"读"有机地结合在了一起。此外，教师还可选取一些既与文本相关又具有潜在交际价值的信息。在本教学实验中，学生可以采用口头报告或对话或拍摄成情景剧的形式输出所学知识，旨在驱动。但该阶段教师需要关注学生"说"的内容，一是确认学生的产出与本单元主题是否相关，如不相关，教师应提醒学生通过继续阅读文本纠正、补充其产出，这也体现了教师的指导作用。整个产出过程都是以学生为中心，在教师指导下进行的。

此外，课上阅读材料或课外资料或是接受听力材料，其目的都是为了完成产出任务。笔者所教班级分为9组，通过每组的表演可以看出学生在编写剧本过程中，在课后做了大量的相关阅读，并将自己对课文的理解、观点和态度加入到了剧本当中，发挥了自己的主观能动性，可见，学生的积极参与是完成基于产出导向法教学的重心。

（四）评价

评价环节旨在通过评价学生的语言产出，使教师了解教学效果。此外，还可以帮助学生了解学习成果，进一步提高自己的产出质量。可见，评价环节促进了学生的学习，提高了学生学习的积极性与热情。

此环节中学生需提交书面台词，还要在课堂上进行口头上的分组表演，在此之前，每位学生会有一份评分表，表演后，其余学生会为参加表演的同学打分。其后，教师会进行点评，旨在扬长避短，优点要借鉴，缺点要避免，以便更好地学习。值得指出的是，教师的评价不能一概而论，要有针对性和区别性。在实验过程中，笔者主要从五个方面进行评价：（1）本单元学到了什么？（2）认为自己的语言产出怎么样？（3）学习过程中遇到的困难是什么？（4）你认为此教学方法怎么样？（5）对教师有什么建议？

四、产出导向法的教学效果

在教学实验的过程中，产出导向法给课堂带来的效果和让师生的受益是笔者尝试过的其他教学法无法比拟的。

首先，产出导向法能够激发学生积极的情感体验，降低了学生做任务时的紧张或焦虑情绪。具有驱动的任务调动了学生的学习热情与积极性。在学生拍摄视频的过程中，学生利用真实的跨文化交际视频，创造自己想象出的交际情景，这样，使学生的语言产出任务更具交际价值，让学生感受到所学的知识能够真实、有效地应用到实践，从而增强了学习兴趣并能更加投入到今后的学习当中。学生经常会以"喜欢""喜爱""相当有用""实用性很强""非常有趣""特有成就感"等词来评价此教学方法。

其次，产出导向法可以使学生获得更多实际操作使用语言的机会。在课上不是被动地去接受知识，而是积极学习，参与并认真完成产出任务，促进学生的接受性知识向产出性知识转化，学习的惰性也得到了有效地克服。在课堂中，教师可以通过灵活的手段创设更多的语言使用机会，向学生提供必要的视听材料及阅读材料，引导学生根据产出任务的驱动进行有选择性的学习，在此学习过程中，学生也将新学到的语言知识应用到了实践。随着练习的增多，不仅学生的语言产出能力大大提高，其语言产出质量也大大提高，让学生感受到所学的知识与实际应用密切相关,更加增强了学习的动力和激情,真正体现了"学用一体"的教学理念。

再次,产出导向法提高了教师的教学能力。传统的教学依赖教材、以输入为主,产出导向法教学就是以产出作为驱动和教学目标,其关注的是如何有效地学习。在整个教学过程中,教师起着中介的作用,而非主导作用,其任务不是"满堂灌",而是促进学生去有效地学习和检验、评价学生的学习效果,所以此教学法较传统的教学方法而言,对教学的要求更高,教学难度也更大,教师需突破固有的已经习惯性的学生被动地接受知识的教学模式,按照教学进程和不同学生的不同需求随时调整教学方式,此过程中,教师受到了极大的挑战,教学中需要不断地创新,不断搜集与教学内容相关的输入资料,不断研究适合本单元教学的、独特新颖的语言产出任务,除了使用教材之外,还可通过互联网等资源设计对学生有用的或者学生感兴趣的话题。同时,还要不断提升自己的评价能力,从而提高教师的协调和组织能力、引导能力、英语语言能力、管理能力以及领导能力。

最后,产出导向法教学提高了学生的综合素养和思辨能力。学生通过互相合作的产出练习,不再像以前一样羞涩和为难,逐渐变得自信,勇于表达自己,展示自己,能够把得到的信息清楚地、有条理地讲出来。同时,学生还形成了合理安排时间完成任务的能力,提高了团队合作能力、信息选择能力、交流能力、组织能力和表达能力等等。在此过程中,产出导向法不仅可以督促学生积极地、有效地实行语言输入,以便更好地掌握语言知识,同时还能检验和复习巩固所学知识,提高自己的表达能力与思辨能力。

跨文化能力的培养是知识的传输与学习的双向过程,还是一个不断实践的、动态的过程。在外语教学中,应当利用有效可行的方法培养学生解决交际中遇到的问题的方法和策略等。实践证明,语言主观性视角下的产出导向法能有效地安排教学,帮助学生整合学习任务,同时,还可以提高学生的跨文化素养,为培养学生跨文化能力提供更有效的支持。

第四节　跨文化英语教学中任务教学

语言是文化的载体，作为一门语言，英语兼具工具性和人文性的特点，英语本身即是以其为母语的国家文化的一个重要组成部分。伴随英语交际同时产生的还有不同习俗、不同思维方式、不同价值观的交流与碰撞。当今世界，文化交流日趋频繁，人们在彼此交往中由于误读对方文化而导致的冲突屡见不鲜。高校学生对英语的学习早已不仅着眼于单词、语法等基础层面的理解与应用，更重要的是应对语言负载的文化有一定的了解，对母语及目的语的文化差异具有一定的敏感性，并进一步了解这种差异背后的原因，从而以包容、开放的心态从容应对跨文化交际中的种种问题。教育部 2017 年最新修订版《大校英语教学指南》指出：就人文性而言，高校英语课程的重要任务之一是进行跨文化教育，培养跨文化交际能力，为迎应全球化时代的挑战和机遇做好准备。跨文化交际能力的培养已成为高校英语教学的一个重点，但在实际教学中仍存在理论与实际脱节等问题。因此，笔者拟就任务教学法在跨文化交际教学中的应用进行探讨。

一、跨文化交际课程教学的现状及难点

跨文化交际课程开设的意义。高校开设跨文化交际课程意义重大。首先，它能帮助学生提高语言综合应用能力。目前高校跨文化交际课程多为英文教材，课堂授课以英文为主，教师同时会布置大量延伸阅读。该课程的学习对学生语言能力要求较高，学生在大量阅读中语言能力得到较大提升。跨文化交际课程中的言语交际这一部分，直接在日常言语交际、文化负载词、习语、禁忌语、文化思维模式等方面进行中英文对比，一定程度上可以帮助学生进一步了解语言的特点，从而提高语言综合应用能力。其次，这一课程的开设有助于学生传承本国文化，增强民族自信。学生在对中外思维模式、价值观、世界观等全方位对比过程中，对本国文化的特点及优势有更透彻、更客观的了解，有利于培养民族自信心，有利于民族文化的传承。最后，跨文化交际

的学习能帮助学生拓宽国际视野,了解他国文化,进而取长补短,学会批判性思维。这门课程的学习让学生学会客观、理性地看待全球多元文化,在跨文化交流中尽量避免立场的预设,不盲从、不自卑、不骄纵,塑造包容、开放的跨文化人格,提高跨文化交际能力。

跨文化交际课程的现状与难点。在全球多元文化互相交流、融合乃至冲突日盛的今天,跨文化交际课程是实践性与实用性很强的一门课程,但目前我国高校具体实际教学中仍存在一些问题。

(1)授课方式较为传统,学生参与度不高。

目前高校开设的跨文化交际课程,有时仍然采用以往的授课模式。部分时间由老师在台上讲授、灌输知识点,学生相对而言较为被动。在这种教学模式下,学生难有较多时间进行充分的讨论、分析与思考,而跨文化交际课程侧重的是引导学生在案例的讨论与学习中,总结、体会不同文化背景的人在言语、非言语模式、思维方式及价值观等方面的差异,以及这些差异产生的文化背景,从而站在更客观的角度克服跨文化交际中的障碍,提高自身跨文化交际能力。这就需要充分发挥学生的能动性,让学生积极主动地参与学习,而不仅仅作为一名被动的课堂听众。

(2)学生中存在对跨文化交际课程重要性认识的不足,认为课程不实用。

跨文化交际与听、说、读、写、译等语言技能类课程有所不同,侧重于中外文化差异的比较,属于文化拓展类课程,短期内对学生就业不会有太大帮助。部分学生可能认为这门课程不实用,对四、六级考试及各类证书的考取并无帮助,因而学习起来敷衍了事。

(3)部分教材内容较为陈旧,难以引起学生共鸣。

文化是动态的,不会停滞不前。当前,全球化信息化步伐越来越快,一方面,不同文化在彼此接触、共处的过程中不可避免地相互影响,各自行为方式、礼仪习俗等发生变化。另一方面,青年学生与外界的交流机会日益增多,对外界的了解越来越多,曾经产生的某些文化误读可能随着彼此交流的扩大逐渐减少。但目前高校跨文化交际教材中的一些案例比较陈旧,甚至有些为20世纪80年代西方人与国人交流的案例,放在今天的时代背景下,难以引起学生共鸣,直接导致其缺乏学习兴趣。

（4）不少教师缺乏实际的跨文化交流经验，缺少相应的系统培训。

我国目前高校从事跨文化交际类课程的授课教师中有一些因条件所限，欠缺与不同文化背景的人交流的实际经验，也较少受过这方面的系统培训。导致老师在授课时局限于课本知识点和教材中的案例，难以进行较多的延伸与拓展，引导学生进行更深层次的讨论、思考与总结。

此外，教师在实际授课中可能还面临班容大、课时紧、内容多等问题，种种客观条件导致教师教学自由度不够，难以充分开展课堂活动，给予学生较多实践、思考的机会。

二、任务教学法的理论基础

语言学家David Nunan将任务语言教学中的任务定义为"学习者用目的语进行理解、操练、产出与互动的任一课堂活动，而且学习者主要关注意义而不是形式。任务应该具备完整性，本身就是一项交际行为"。Peter Skehan对"任务"有五点定义：①以意义为主；②需要通过语言交际解决任务中的问题；③任务与真实世界的活动有相似之处；④首先需要完成任务；⑤需要根据结果对任务进行评估。从上述对"任务"的定义可以看出，作为任务教学法的中心，"任务"的建构围绕意义的表述展开，具有目的性、开放性、真实性、交际性等特点。任务的重点不在于语言技能的操练，而在于意义的表达，强调以学生为中心，而任务的完成需要有明确的结果。

在任务驱动型语言教学过程中，教师作为任务的设计者要根据学生的语言能力、知识层次精心设计难易适中、操作性强的任务。Willis（1996）将教学任务按难度分为六大类，分别为：列举型任务（Listing）、排序和分类型任务（Ordering，sorting，classifying）、比较型任务（Comparing，matching）、解决问题型任务（Problem solving）、分享个人经验型任务（Sharing personal experiences）和项目型任务（Projects/creative tasks）。教师在任务设计过程中可以根据不同学生的实际水平，选取或设计不同层次和梯度的任务，尽可能让全部学生参与完成任务的过程，提高学生解决实际问题的能力。

任务教学法通常分为任务前、任务中和任务后三个阶段。任务前阶段包括语言材料的选取和导入，任务背景的介绍，相关知识的准备等；任务中阶段包括任务的设计、组织与实施，以及对任务难度的把握等；而任务后阶段则需要评估任务是否圆满完成，并对完成的任务进行评估和总结，对学生能力进行评价，并进一步巩固强化对重要知识点的掌握。任务教学法以学生为中心，将学习与实践相结合，强调在做中学，在学中做。教师为学习任务的设计者、指导者，学生为学习任务的主导者，学生间多以小组合作的方式完成任务。任务教学法将知识的学习从课内延伸至课外，最大限度地弥补课堂学习时间不够的不足，并且激发学生的学习兴趣，对于跨文化交际课程教学是有非常积极的意义的。

三、任务教学法在跨文化交际课程中的应用

任务教学法中的任务具有一定的真实性和交际性。任务教学法将知识的学习融于任务的解决之中，将学习与实践相结合，这种探究式学习方式能最大限度地激发学生的学习兴趣。跨文化交际课程是一门交际性与实践性较强的学科，教学目的是让学生通过真实的案例了解并学会尊重不同文化之间的差异，以包容、开放的心态与不同文化背景的人进行交流，并根据交际情景和交际对象的不同，恰当地使用交际策略，将理论知识与实际应用相结合，从容应对交流过程中出现的各种问题。任务教学法在跨文化课程教学中的具体应用可以按任务的三个阶段进行细分。

任务前阶段：学生自行分组，自选组长。在教师的引导下，各组学生明确任务需实现的目标，进行组内分工，明确每个学生在任务中的定位。同时，教师应就布置的任务进行知识的导入、文化背景的简单介绍，或提供视频资料等，帮助学生理解并规划任务。

任务中阶段：①制定阶段性目标并将任务细化，明确各时间节点。前期资料收集完毕后，小组组内交流汇报，进行讨论，提出解决问题的方案或梳理清楚观点，并最终形成报告。②小组进行班级汇报，在班级范围内与其他同学互动、讨论。

任务后阶段：教师进行点评与总结，解答学生的疑惑，进一步帮助学生厘清与任务相关的跨文化知识点。随后，小组同学再进行总结，争取对相关知识有更清晰、更系统的理解。

在实际教学中,笔者以探讨中美友谊观的差异作为一次项目型任务,在课堂教学中应用任务教学法。教学过程按以下步骤展开:

①以四到五人为一组,做好前期任务分工,如案例的收集、信息的查找、问卷的设计(如幽默感、智力、忠诚、热情、独立性、教育背景、信仰在中美友谊观中分别所占百分比)等,并要求学生将任务细分到各组员。

②前期任务完成后,组员进行资料的讨论或案例的分析,并以采访等形式完成设计的关于中美两国各自友谊观的调查问卷。随后,小组就得出的数据进行总结,找出两者的差异。小组成员将各自讨论后的观点形成文字,结合各项资料、数据,以PPT的形式进行班级汇报,教师随后引导学生进行班级范围的讨论。

③在任务后阶段,班级讨论结束后,教师进行打分、点评及总结,并结合学生的讨论内容与案例进一步引导班级学生交流、思考并总结中美友谊观的异同,让学生对其有更深入的理解,从而更客观、从容地应对跨文化交流中的类似问题。

在整个教学过程中,学生围绕中美友谊观的差异这一主题,查找资料、调查探究、交流讨论,并用报告的形式向班级同学展示学习成果,在完成任务的过程中学会运用语言解决实际问题。学生参与度高,课堂气氛活跃。任务完成后大部分学生对中美友谊观的异同有了一定的理解,最终教学效果是比较好的。同时,采用任务驱动教学模式,课堂师生互动性更强,讨论氛围更为浓厚,教师在教学中与学生产生情感共鸣,更易获得满足感及成就感。

任务教学法在跨文化交际教学中具有较强的实用性,它将课堂学习延伸至课外,给予学生更大的空间,让其在探索任务、解决问题的过程中学会如何将理论知识与实践相结合,充分发挥主观能动性,培养解决问题的能力、独立思考的能力,激发学习兴趣,培养协作精神。当然,在具体教学过程中教师会遇到一些问题,如小组成员之间学习态度、学习能力、知识层次存在差异,可能导致部分学生敷衍了事,或过于依赖他人,这就需要教师在学生完成任务的过程中扮演好引导者、监督者的角色,随时与学生沟通,提供帮助,在学生制订、分配任务的过程中亦可以加以指导,尽量使每位学生充分参与任务,提高跨文化认知与交际能力。

第五节　多模态交互与跨文化英语

20世纪末的西方注重教育，提出了一套涉及图像、色彩、动作和音乐，并配合社会符号学所形成的话语分析理论体系，即为多模态。21世纪中多模态便形成了独立的教学方法，首先引入英语的语言教学，之后便形成了"多模态教学方法论"。当今社会科技飞快发展，多模态教学中也逐渐涉及了越来越多的科技手段与科技产物，如计算机、多媒体、投影器、录音录像设备等，并且结合多种其他教学方式学习相关教学技术，在经验的累积与科技的辅助下构成了现行的多模态教学手段，此手段不仅在教育教学方面有积极作用，如提高教学质量与效率、丰富语言教学资料等，还可以培养跨文化模式交际能力。本节将从英语教学方面探析多模态跨文化交际能力的培养情况与理论依据，从社会符号学与认知心理学的角度入手，最终得出其培养框架。

跨文化的定义十分简单，与本民族文化有差异或有冲突的均可称为跨文化，但跨文化能力的定义涵盖则十分广泛，所以学术界一直无法直接给出明确的定义。但综合历代以来学者对于跨文化交际能力的定义来看，跨文化交流能力主要是掌握并熟练运用语言和语法、了解具体的语境，能够采用适当的交流方式、有意识地进行恰当而高效的跨文化交际。

随着时代发展，英语已经成为世界性的语言，掌握英语是实现跨文化沟通交流和各国发展战略的重要途径，所以高校英语的教学显得十分重要，各个高校竞相开启了英语教学模式改革，多模态交互式英语教学则是一种新型高效的英语教学模式，可以在使学生掌握语言要点并熟练运用的同时，提高跨文化交际的意识，完善跨文化交际的知识，培养锻炼跨文化交际的能力。

一、英语教学中多模态跨文化交际能力培养的能力

（一）社会符号学依据

社会符号学涵盖了许多图画、言论、行为、着装等可视化对象，其作为特殊的语言符号，具有独特的社会性质，可在社会中流通，可以传递信息、表达意义。"模态"二字虽为抽象的语言符号，但在人体中也有多种模态存在，如与五感相对应的视觉模态、听觉模态、触觉模态、味觉模态、嗅觉模态，与生活联系密切，在人际交往中需要配合以上五种模态进行交流，因此，交际是多模态的行为活动。跨文化交流则需要语言、图像、声音、行为等多种手段与符号象征，同时也需要五感的配合，此种交际能力可在学习外语的过程中得到锻炼，但不仅仅来源于此，所以外语水平不能直接等同于交际能力，在外语教学中应有意识地借助多感官影响，如视觉、听觉等多种模态，潜移默化地影响学生、培养跨文化交流的意识，培养和锻炼跨文化交际的能力。

（二）认知心理学依据

俗语说"一回生二回熟"，生动反映了大脑学习的规律与人类的认知规律，即需要多模态教学。从认知心理学的角度来说，比起平淡无味的海量知识以黑白文字与彩色图片进行教学，在教学中涉及视觉、听觉、触觉等多方面模态感受，大脑也更乐于接收此类互动式与借助多模态信息输入获得的知识。综上所述，多模态信息交流可显著提高大脑记忆力与各感官记忆力。所以，可将此类多模态交互教学应用于外语教学实践课程中，借助计算机、多媒体的技术，可显著提高外语课教学质量，培养学生兴趣，培养跨文化交流的能力。拥有此能力后便可以熟练地应用于跨文化沟通与建立人际网中，收获远远不止外语水平的提升。

二、多模态教学模式下高校英语跨文化交际能力的培养

"跨文化交际"并非笼统的词汇，其中涵盖了跨文化交流、跨文化意识、

跨文化交流所应用的策略方法三个方面的基本要素，此概念也在学术界拥有较高的认同度。本节将从教学模式、互动模式、情景交流三个方面详细介绍高校英语教学中该如何运用多模态交互式教学模式，如何提高学生的跨文化交流意识，培养学生跨文化交流能力，丰富学生跨文化交流知识。

（一）以"文字+多媒体网络技术+教师引导"的模式丰富学生的跨文化知识

在现在的高校英语课堂中，越来越多的老师选择以多媒体投影的模式对学生进行教学，黑板板书的教学模式使用则越来越少。据观察研究可发现，"文字+多媒体网络技术+教师引导"的教学模式可以更好地调动起学生的求学兴趣，继而可以提高学生的语言能力。但在充分利用工具教学的同时，却少了语言人文性的体现。

使用多媒体的教学模式，可以生动地将多媒体网络中涉及的色彩、图像、视频等语言符号更好地为学生所感知、记忆。在这些丰富的副语言符号中，蕴含着多种不同的风土人情与文化魅力，可直观感受到语言的人文性。所以，教师在教学过程中，只要使用好教材中大量的语言资料与多媒体特有的动感视频与音频，并对学生加以引导，使他们能够更好地理解语言符号的文化意义与文化内涵，就不会造成大学生空有丰富的跨文化交流意识而缺少跨文化交流的能力的现状。

多媒体网络可将图像、声音、文字等多种副语言符号的作用发挥到极至，在图片或视频展示中，人物的言语、体态、神情、衣着均可以生动地传递给学生，利于感知其中所含的文化内涵。多媒体教学远比单纯的文字描述性教学更确切、更丰富，且不会在人为表述中造成语言内涵的错误，导致对文化的误解与偏见。

所以，在高校英语教学中，教师应有意识地帮助学生分析多媒体中所展现的图像、视频、声音、文字等副语言符号中涵盖的文化内涵，使学生可以借助多媒体与老师的引导更好地理解语言文化的魅力，掌握跨文化交际的能力与知识。

（二）以"影像+师生/生生互动"的模式提高学生的跨文化意识和跨文化敏感度

除上文所说的"文字+多媒体网络技术+教师引导"的教学模式外，课堂中也应通过师生互动与生生互动的形式切身感受体验多媒体教学中呈现的画面内涵，更利于理解分析其中的文化魅力与文化知识，而不是全然借助多媒体的多感官体验式教学，来增强学生跨文化交流的意识与能力。师生互动与生生互动可以演绎影片中的片段、讨论分析影片中的文化知识，交流发言，分享自己在影片中感受到的文化差异或文化魅力。借助自我感受、自我思考可以更好地培养跨文化交际的意识，锻炼跨文化交际的能力。此法避免了老师讲、学生听的固定课堂模式带来的枯燥无味，加入多媒体网络技术进行影片播放等仅是第一步，老师应在播放影音的同时引导学生关注其中的语言点与文化差异，在强调学生模拟练习语言特点与表达方式的同时，更要从跨文化的角度进行分析与讲解。因为虽然语言是文化的载体，但文化才是语言的根本魅力所在。从文化普及的角度出发，进行语言教学与练习，不仅可以巩固强化学生对于语言的掌握与应用能力，也不会导致学生只把影视分享当作一种乐趣，不仅语言教学没有做好，也没有培养学生跨文化交际的能力。借助多媒体影音教学的主要原因是影片欣赏中有生动有趣和感人的情节，更有着丰富的语言文化知识，所以，在教师带领学生欣赏的同时，可以给学生留下适当的课后任务，如分组模仿其中情节、演绎情景剧、对影片内容进行描述与叙写等，可以帮助学生更好地感知影片中的伦理道德与文化底蕴，在学习语言的同时掌握应用能力。

在师生互动与生生互动中，可以更好地接受对方观点，完善自己对于语言与文化的认知，更好地感受到中西方语言的差异与特色魅力，不仅可以提高学生对于语言的掌握与应用能力，还可以培养跨文化交际的意识与能力，提高跨文化交际敏感度与感知度。

当今经济飞速发展、通信技术迅猛发展、各国间的交流越来越密切是发展的主潮流，跨国交流在人类生活中是无法逃避的，所以跨文化交流成为每一个国民都应掌握的能力。这就要求跨文化交流的能力应从学生时期开始培养，在高校英语教学中，首先应当使学生掌握并熟悉语言运用要点与技巧，之后借助语言教学跨入文化教学，使学生可深入感受到异国文化的魅力与内涵，培养学生跨文化交际的思想与感知度，进而在授课中借助多模态交互教学模式，培养学生的跨文化交际的能力，在跨文化交际的实践中更好地理解跨文化交际，掌握相关知识与交际技能等，并可熟练将其运用到生活中，满足个人的发展与社会的需求。

第六节　英语教学与跨文化敏感度发展

随着全球化进程的不断加快，国内外跨文化交际也日趋增加。因此，中国新时代对人才的要求是不仅专业精，而且能够顺利进行跨文化交流，这就使高校外语教学面临一项新挑战——跨文化敏感度发展模式的应用。在以往的外语教学中，教师只注重学生掌握语言知识的情况，目的是使学生的语言能力得到提高。目前，有很多学生可以顺利通过英语等级考试，却不能用外语在实际的跨文化交流中进行有效交流。鉴于此，主要从影响跨文化敏感度的因素入手，论述跨文化敏感度与高校英语教学的基本情况，并重点探讨高校英语教学中跨文化敏感度发展模式的具体应用。

加入世界贸易组织后，我国已经实现了经济大发展，并在跨文化交际中依托信息技术，将其作为平台，以经济为驱动力，进行了越来越频繁的文化交际。而对于外语教学者来说，如何培养具有较强的跨文化交际能力的人才就成为他们所关注的焦点。由此可见，为了跨文化交际更顺畅，高校英语教师也面临着新挑战，他们要承担起培养大学生跨文化敏感度的重要任务，这是当前他们的一项重要工作，而且高校英语已经将跨文化交际列为其主要内容。在跨文化背景下，跨文化敏感是促进成功交流的必需元素，在情感层面体现得尤为明显，既可以指跨文化敏感度，也可以指跨文化敏感力，也就是在不同文化互动或者是在特定的某一情景下，一个人的情绪或情感上发生的变化。Bennett 在 1986 年创建了跨文化敏感度发展模型，并且根据 1993 年 Bennett 的定义，跨文化交际敏感度就被认定为能够适应现实中所存在的文化差异的能力，能观察到不同的发展阶段。我们要充分认识到跨文化敏感的重要性，它贯穿在整个跨文化交际过程中。所以，要提高学生的跨文化交际能力，培养跨文化敏感度就是该过程中的一个新挑战。

一、影响跨文化敏感度的因素

针对跨文化交际能力的研究，其中一个重要因素就是跨文化敏感度。由于每个人的价值观念、文化背景、思维模式、生活方式以及宗教信仰等都各不相同,所以在跨文化交际时,他们在思维方式、信息交流上有差异性表现。如果不能感知并调节好不同文化所表现出的差异,那么跨文化交际中可能就会有误解、矛盾等产生,很难实现有效沟通。Chen指出,有六种元素能代表跨文化敏感度,其中包括:自爱、开放的心灵、自我检视、移情、暂缓判断、互动投入。这六种元素能帮助理解"正面情感能力"。实质上说,跨文化交际指的就是不同文化背景的人在语言、思维及行为方式方面的一种正面交锋,它带来的疏离感、心理压力及挫折等会直接或间接地对交际者造成冲击。正是因为如此,才要求交际者要认识到自己的价值,并有自爱心。首先,拥有开放的心态便能适当地去解释公开自己的思想,同时对于对方的解释也更愿意接受;其次,自我检视是指在沟通交流中对自己的社交行为做持续的审视及观察,做到专注,对他人的取向要极为注意,这样才能更好地去适应不同的沟通情景;再次,移情和互动投入是能为对方多着想,将自己投射到对方的位置上,对言谈的交换更加专注;最后,文化交际过程中切忌妄加判断,必须要谨慎行事才行。上述的六大元素中,移情决定了交际者能否彻底摆脱自身文化积淀所形成的思维定式的影响,使文化差异引发的文化冲突得以避免,跨文化交际顺利推进。

二、跨文化敏感度与高校英语教学

文秋芳在分析跨文化交际这一问题时始终有自己独到的见解,她认为,培养跨文化交际能力以及开展外语教育时,交际能力是主因,除此之外还包括跨文化能力,跨文化能力有三个部分,即:对文化差异的敏感性、文化差异处理的灵活性、对文化差异的宽容性。这三个组成部分之间的关系是层级发展的,而跨文化能力的发展应该从底层到高层逐渐进行。在跨文化交际中学生不得忽视文化差异,必须要重视起来,应对其端正态度,保持敏感性,对对方的文化给予充分的尊重和理解,并且要加强训练学生处理文化差异的能力与技巧。强调文化差异敏感性的目的是要求交际者在对异国文化关注的同时也要了解自己本国的文化,区别对待本国和他国文化之间的差异,也在提示英语教师对自己的文化加强认识。学生在高校英语学习中作为交际者,要树立自己的价值观，对于自己的文化要有一个完整的认识，能在跨文化交际中拥有良好的开放心态。此外，移情能力是对跨文化敏感度造成影响的一个重要因素，也是高校英语教师不容忽视的因素之一，而我们对问题的认识角度则是移情的根本意义。英语教师在英语教学时，为了学生的跨文化交际能力的提高，要帮助学生树立以下信念：看待问题必须站在多视角，仅围绕本民族文化视角是不对的，还要结合交际文化。只有从他国文化的角度看待问题，才能对他人的想法有全面的理解，也能确保跨文化交际更顺利。平时还要有意识地对学生加强训练，使其移情能力得到提高。日常英语教学中，英语教师需要向学生渗透认知差距如何缩小的问题，并要加强其对其他民族文化的熟悉程度，在这方面的训练要多一些，这对提高学生对不同文化的理解能力和感知能力有重要意义。

三、高校英语教学中跨文化敏感度发展模式的具体应用

（一）高校英语教学中跨文化敏感度发展模式的应用前景

1. 在语言教室中培养学生跨文化敏感度

Ford 认为，教学资源支持及学习挑战这两个方面应如何实现平衡是教学中谈论的关键，当学习中有新知识和新技能出现时，就要在挑战和支持之间获得平衡，否则学习者面临过多的挑战会身心俱疲，更为严重的还会有抵触情绪；相反地，如果有过多的支持，那么学习者在这种情况下还会有懈怠产生，导致学习状态停滞不前。所以，教师在英语教学中要正视教学策略及应用的支持材料给教学工作所带来的多方挑战，在此基础上采用恰当的交流方式及不同的学习方式合理地去评估所选择的教学方法，最终可以找到一个最为合适的教学策略。DMIS 还针对有较高要求的学习专题提出了一些可行性的建议，他指出各方面关系的平衡离不开教师的努力，教师还应在学习者的学习过程中尽全力地给予他们一些友好的支持，也要有具有挑战性的教学内容；教师在教学策略的选择上要有针对性，如果是日常化、比较乏味的话题，那么需要具有挑战性的教学策略。总之，在确保平衡框架的基础上，教师能

让那些在讨论文化差异阶段有着文化优越感的学习者承受更大的挑战；当学习者在跨文化交际中处于差异的接受、认同阶段时，文化差异这一议题的挑战性就在一定程度上降低了，这样就可以在学习者参与高挑战性的活动时，运用更复杂的学习策略。

2. 学生的跨文化交际能力在第二语言文化教学中得到提升

DMIS 模式所描述的是人们逐渐获得跨文化交际能力的整个经历。该模式的重点是展示学习者如何克服自身文化及种族所带来的优越感。与此同时，习得文化的相似性和差异性被认为是这一模式中的重点部分，并揭示了跨文化交际意识的核心部分就是文化差异这一事实，认为时间问题是教学的关键所在，语言教师能将这些作为参考应用到教学中，比如，评估学习者为学习某些类型的文化所做的准备工作、如何选择学习活动以及排序情况、如何在进度的预先设定基础上有所发展、学习者在跨文化敏感发展的不同阶段如何更有针对性地提高自身的跨文化交际能力。

（二）高校英语教学中跨文化敏感度发展模式的应用对策

1. 初级阶段的对策

首先，文化差异否认阶段。"积极的无知"是这一阶段学生奉行的原则，并且认为"我并不需要知道"，强调的因素是熟悉。该阶段发展将帮助学习者对被否认的文化差异有个正确认识作为主要任务。教师要在授课时鼓励学习者对目标文化知识多学习、多掌握，只有这样才能够使学生们对真实存在的文化差异有所认识，焦虑状况得以控制。事实上，第二语言初学者大多数都处于文化差异的拒绝阶段，在此期间有大量的材料被应用到文化教学中，比如：关于文化的社会科学（如：政治学、历史学等）、目标文化知识（音乐、艺术等）、旅游常识，主要目标是语言符号的使用，而不是目标文化的运用。教师在课程设计时，选择的主题必须是不具争议性、又能愉快处理的主题（举办文化博览会、庆祝节日等）。在这一阶段，提高学生跨文化技能的关键在于大力收集文化信息、对文化差异的积极探讨、友好合作。

其次，文化差异抵制阶段。学生对文化差异的抵制原因在于他们害怕发生一些预想不到的变化、怕承担风险，处于"围城"阶段，学生们极力对外，排斥其他文化，要求一致性，坚信民族至上。学生在该阶段将对文化差异的探讨看作是他们面临的最大障碍，寻求自身文化所能带给他们的安全感。在差异抵制期间，首要任务就是文化差异产生的分歧能减少，并得到控制，与此同时全面认识各种文化的相似部分。作为高校英语教师还要帮助学生对文化差异增加一些耐心、克服跨文化焦虑；关注该阶段学习者的文化群，多促进合作；提供的信息资讯可以是相类似的，也在一定程度上避免出现文化比较情况；对学习者不同阶段的自我调控能力作对比，包括耐心、宽容、焦虑管理等；给予学生一切支持和帮助，去发现人类文化的共通性。此外，教师还要努力培养学生对文化差异进行客观阐述的能力。阶段学习内容将其侧重点看作是自身文化及目标文化两部分，如在升学过程中对文化过渡重新体验并在这个过程中评估自身习得相关文化技能的情况。选择教学方法及教学内容时，教师要以有效互动、较低的语言要求为原则。教师可以要求学生来一场"头脑风暴"，说明某具体方面自身文化与目标文化之间的相似处；教师还应为学生提供更多的机会去找寻文化共性。学生跨文化交际能力阶段性发展的重点为：（1）自控能力；（2）包容的能力；（3）焦虑排斥的能力。

2. 中级阶段的策略

首先，文化差异最小化阶段。一般情况下，学习者在此阶段往往会转变态度，但是仍然会发现他们身上文化优越感的存在，对于文化间的差异应尽量去掩盖，将这些差异纳入所熟悉的类别中，毫不影响自身的世界观，认定所有文化都一样。继续深入学习自己的文化是该阶段最重要的发展任务，目的是文化自我意识的加强培养，以免对文化比较产生过度的紧张。教师应该让学生们充分认识到，每个社区都有各自的流行文化，尤其是让他们合理地去区分目标文化和自身文化这两类文化。此外，该阶段训练跨文化能力将其重点放在以下方面：开明的思想、通识文化知识、客观认识自身文化、听力技巧培养、准确的感知能力。

其次，文化差异认同阶段。学生在这一阶段会认为："你对文化有越多的了解，所做出的比较就能更好。"在该阶段，高校英语教师运用的教学方法更丰富、更有效。如：在教授文化词汇以及语言教学中，可以为学生介绍文化差异，以此激发学生的好奇心，提高他们的跨文化敏感性，从而引起学习兴趣。学生有了文化意识，他们所承担的文化认知任务就会更复杂。教师在已有的教学方法基础上积极探寻新方法，增强文化自我意识，合理地运用特殊文化及通识文化策略。

3. 高级阶段的策略

首先，适应文化差异阶段。一般来说，学生在跨文化交际这一阶段往往会运用移情技能，还会对自己的观点做出改变和调整，并认为："我尊重与我来自同一文化背景下和来自不同文化背景下的人们，尽管交流中我们持有不同观点，但应该被尊重。"这个阶段的文化分类系统正在逐步完善，学生基本都能掌握第二语言，并且在积极地探索问题，对语言能力要求更高，也希望能掌握更多的跨文化交际技巧。本阶段发展涉及解决问题使用的技巧、风险承担能力、互动技能培养等。在该阶段学生的自主活动开展得较多，主要目的是用以刺激跨文化敏感性发展。

其次，文化差异融合阶段。处于该阶段的学习者已经很熟悉双语双文化问题以及文化身份问题，主要的常见表达有："在充斥多元文化的世界，人们需要跨文化的头脑""当我弥补我熟知文化的差异时倍感满足"。文化背景问题他们很容易解决，他们通常在发现自己并非文化边缘群体时会倍感欣慰。此外，教师为了让学生利用并借鉴理论模型，可以帮他们构建一个多元文化认同模式，也能帮到出国留学的学习者。总之，对高校英语教学中跨文化敏感度发展模式的研究是一个重要课题，高校以及英语教师要高度重视，从而加强跨文化交流。

第五章 高校英语跨文化教学的必要性

第一节 高校英语教学中的文化教学

当前,培养大学英语学生对英语民族文化的认知能力与接受能力,建构起其跨文化交际的能力,从而规避进入跨文化交际实践时发生文化冲突,已经成为当前我国大学英语教学的一个重要教学目标。在当前的外语教学界,判断一个人外语能力的高下主要看其所具有的对异域民族的文化认识能力与感受、接受能力以及其所具备的跨文化交际的能力,这已经成为一个学界公认的判断标准。在大学英语教学中导入跨文化交际学,使我国大学英语教学进入一个新的时代,即跨文化交际的时代。如今,大学英语跨文化交际教学,已经成为学界的一个全新的课题,同过去传统的大学英语教学相比,大学英语跨文化教学更加突出了英语学习的实用性。目前英语学界已经将大学英语跨文化教学作为当前大学英语教学同传统大学英语教学区别的重要标志之一。

一、文化教学的概念

其实,从最早的英语教学开始,文化因素就伴随其中,只不过外语教学中的文化因子从未引起过大家的关注。在外语教学过程中进行有意识的文化教学,其实已经存在很长一段时间了。只不过外语教学因国家教学环境的不同、教学制度的不同,而呈现出了不同的特点,从而导致外语教学中的文化教学的理念与模式也呈现出不同的民族性特征。但是,无论是哪一个国家与民族，在其外语教学的历程中，文化教学的发展轨迹大致相同，这一点在很大的程度上反映了在广泛的国际交流与合作的大背景下教学所呈现出来的趋同性与影响作用。

纵观外语教学一百多年的历程，其与其他文化教学一样无一例外地经历了三个发展阶段。

第一个阶段，在20世纪50~60年代，文化教学以文学作品阅读为主，目的语文化中的历史人物、重大事件等被称为大写文化（Big Culture）并收入教材。学生通过解读和分析文学作品，了解一些目的语文化信息。从20世纪60年代末开始，美国的听说教学法和欧洲的视听教学法盛行一时。其间，文化成为外语词汇学习的促进要素。第二个阶段，到了20世纪70—80年代，交际教学法将文化明确纳入教学内容，社会语言能力和文化能力的发展是提高外语交际能力的重要保证，这一观点成为广大外语教师和学习者的共识。这个时期的文化教学以小写文化（Little Culture），即日常生活所包含的文化含义为主要内容，教学尤其注重那些容易造成交际错误和失败的文化差异。显然，这个阶段的文化教学相对于第一阶段有颇为明显的发展，但文化教学仍然依附于语言教学，没有形成独立的体系。第三个阶段，20世纪90年代以后，文化教学与语言教学获得了同等重要的地位。文化教学一方面为语言教学提供真实的语境促进语言能力和交际能力提高，另一方面使学习者在了解目的语文化的同时反省母语文化，提高跨文化意识。这个阶段的文化学习不再局限于文化知识的学习，还包括情感态度的调整和行为的变化。我们可以看到文化教学大致经历了对阅读能力的关注与培养，对交际能力的关注与培养，当前我们所重视的跨文化交际能力的培养与关注这三个重要的阶段。在此发展过程中形成了文化知识传授法与文化过程教学法两种教学方法，出现了外国文化模式、跨文化模式、多文化模式和超文化模式四种教学模式。无论是欧美大陆，还是亚非发展中国家，外语教学中的文化教学基本都经历过上述三个发展阶段。外语教学中的文化教学的这一发展过程极为充分地说明了一个事实，即外语教学的历史是一个不断改革自身来适应时代与社会发展需求的过程。而跨文化交际能力这一概念的提出，则很好地将外语教学同跨文化交际结合起来，成为两者之间沟通的桥梁与纽带，使这两个原本独立的学科有了较为紧密的联系与交叉。

追溯外语教学的初衷，最早其实是为了更好地满足一些社会精英阅读与学习异域文化，通过外语学习帮助这些人阅读异域民族文化与文学作品，其中包含了宗教书籍的阅读需求。因此，在很长的一段时间内，文学作品就成为最佳的外语学习教材。任何一个民族的文学作品都蕴含着这一民族的社会文化因素，是反映一个民族社会文化的最佳载体。由此可见，文化因素进入外语学习中，最初是通过文学作品作为媒介实现的。外语学习者在阅读目的语言民族的文学作品的过程中，必然会接受文学作品中描述的一些目的语言民族的社会文化信息。此后，伴随着外语学习在更大范围内的普及与推广以及听说读写等各项技能在外语教学中出现，人们学习外语才不再仅局限于对目的语言民族的文学作品的阅读与译介。但是，经历了阅读目的语言民族文学作品的发展历程，人们在外语教学中逐渐认识到在学习语言的过程中，了解目的语言相关的民族文化对于语言的学习具有很大的促进作用，因此我国在大学英语课程上开设了英美文学概况这一课程。这些在外语教学中独立设置的文化课程，成为外语文化知识学习的主要来源与途径。特别在20世纪80年代之后，交际法融入外语教学中，将外语文化教学的内容拓展到了目的语言民族日常文化生活、学习、工作中的习俗、规范、禁忌的领域。但是，无论文化教学以哪种形式出现在外语教学过程中，或介绍文学作品背景，或开展外语交际实践活动，我们一定要清楚，外语中的文化教学从始至终都处于从属的位置。外语文化教学从大纲规定到教学计划设计以及课程安排、测试等，都没有较为明确的目标与体系，外国语大学教师以及相关的理论研究者们都没有给予其足够的重视。

随着全球发展一体化态势发展，世界各个领域不同民族与国家的人联系在了一起，说着不同语言、拥有不同文化背景的人有了一起交流沟通的机会，跨文化交流活动日益频繁。从20世纪90年代开始，我国的外语教学界开始关注大学英语教学中文化教学的重要位置。在欧美国家，大学英语教学大纲的目标要求中已对文化教学有了明确的规定。

教育部颁布的《大学英语教学指南》指出："大学英语课程对大学生的未来发展具有现实意义和长远影响，学习英语有助于学生树立世界眼光，培养国际意识，提高人文素养，同时为知识创新、潜能发挥和全面发展提供一个基本工具，为迎应全球化时代的挑战和机遇做好准备。"《大学英语教学指南》明确了"大学英语的教学目标是培养学生的英语应用能力，增强跨文化交际意识和交际能力，同时发展自主学习能力，提高综合文化素养，使他们在学习、生活、社会交往和未来工作中能够有效地使用英语，满足国家、社会、学校和个人发展的需要"。该指南对大学英语教学中的跨文化交际能力培养以及学生的综合素质培养的教学目标进行了规定。但是，《大学英语教学指南》对通用英语和专门用途英语教学中的跨文化教学的教学内容、教学要求、测试考评等方面并没有做出明确具体的描述。这样一来，外语教学中的综合素质培养以及跨文化交际能力培养就显得有些不切实际了。各所学校的课程负责部门必须认识到跨文化交际能力的培养与综合素质的训练在大学英语教学中的重要性，并在大学英语的课程纲要中制定出明确的规定，在大学英语教师的重视与严格执行下，才能够实现。大学英语教师要在课堂上培养学生的跨文化交际能力，首先要利用适当有效的教学方法和手段。

各个国家、各个地区因社会环境和教学体制不同，所采取的语言教学模式差异很大，然而所开展的文化教学无一例外地采用了两种主要的文化教学方法，即任务教学法和过程教学法。

任务教学法是专门针对文化知识传授的教学方法。教师可以利用该教学方法对某个国家或者某一个语言群体的文化事实，如文学艺术、历史文化、宗教地理、价值观念、文化习俗等进行教学。一方面，教师通过讲授学生可能感兴趣的文化背景知识来激发学生学习英语的浓厚兴趣。另一方面，教师通过开展专题性的文化讲座，使学生接触并且较为准确地掌握典型的文化知识。但是，这种教学法有一个较为鲜明的弊端，那就是语言教学与文化教学被割裂开来分别进行，因此在教学过程中传授的文化内容就显得比较零散，没有一定的系统性。这种教学方法在欧美的课堂中备受批评。

文化教学过程就是一个包含文化知识、技能以及态度等在内的建构过程，该教学方法将文化看成一种社会的构造体系，是一个"不断发展的变体，而不是一个静止不动的实体"。文化过程教学法突出强调的是文化的系统性，承认文化与语言之间有一定的关联性，认为在语言教学的过程中，必须存在文化教学的一席之地，文化教学是语言教学中不可或缺的一个必要的构成部分。很显然，文化过程教学法具有极为鲜明的优势特点，但是在外语教学中又融入了文化学以及跨文化交际学的内容，因此使原本庞杂的外语教学研究领域显得更为繁杂了。

二、文化教学在美国

20世纪60年代正是美国经济极为繁盛的时期,因为经济的繁荣,人们比较热衷于到世界各地旅游,美国政府也不断地开始派出所谓的和平军到世界各地。这些被派往世界各地的人员需要具备相应的跨文化交际能力,于是目的语言的民族文化与语言的培训成为当时的必需。因此,在当时的美国社会,很多培训机构如雨后春笋般纷涌而起,对这些出国人员进行目的语言的民族文化及语言的专业培训,通过各种方式开展跨文化交际培训的课程,进行跨文化交际能力训练,由此,跨文化交际学诞生。同时,美国的外语教学界也开始关注外语中的文化教学。1960年,美国"东北部外语教学大会"的主要议题便是语言文化教学。会议结束后,还出版发行了会议报告《语言学习中的文化问题》。在此后的1972年和1988年,美国又分别举行了东北部外语教学第二次会议与第三次会议,议题仍然是围绕语言文化教学。特别是在东北部外语教学的第三次会议上,专门对如何在外语教学的课堂教学中融入文化教学,使语言教学与文化教学成为一个有机整体进行了讨论,在会议上宣读的论文,基本都是当时学界在外语文化教学领域已经取得的研究成果。

美国教育部下属的专门从事语言教学研究的机构——语言习得高级研究中心——对语言文化教学研究以及推广做了大量的工作,这些工作为推动语言文化教学的发展做出了很大的贡献。20世纪90年代,该研究机构举办了多次全国性会议,主题都是"以文化为核心进行语言课程改革",并且多次承担了美国关于跨文化交际研究的科研项目。美国这一语言教学研究机构的文化研究成果以及其在研究过程中的实践经验总结,为当时乃至以后的外语教学的文化研究做出了很大的贡献,指定了较为明确的研究方向。这些研究成果指导了当时美国的跨文化教学改革,推动了美国外语教学的跨文化发展。美国教育部在这一语言教学研究机构研究成果的基础上进行了全国范围内的外语教学改革,适应了当时社会发展对外语教学的要求,其对外语教学大纲进行了全国性修改,对外语教学目标、文化教学对于外语教学的重要性意义以及其在外语教学中所处的地位,都有了明确的规定。美国通过制定新的外语教学大纲,将外语教学中的文化教学以国家文件的形式固定下来,对美国的外语教学具有很大的指导性与影响作用，在全国范围内推广文化教学的研究成果，对当时美国的文化教学的普及与深化起到了很大的促进作用。

在这套全国性的教学大纲的指导下，美国各个州开始对自己的外语教学大纲进行修改，并且在外语教学实践中切实落实了文化教学精神。自此，激烈的"跨文化交际研究与跨文化外语教学"浪潮席卷了整个美国社会，并且开始蔓延到整个欧洲西方社会。语言文化教学全新的一页从此翻开。从那时开始，美国已经形成了外语文化教学与跨文化交际培训两大阵营。这两大阵营彼此之间相互协作，共同沟通，为美国的外语文化教学做出了贡献。根据教学实践，将外语文化教学与语言教学相结合，的确激发了学生学习语言的积极性。同时，跨文化交际培训在外语教学中的实行与运用，从更高的层面将世界文化的多元性带入学生的视野当中，使学生认识并了解到了文化具有的多元性，不同民族文化之间存在的差异性等。通过外语文化教学以及跨文化交际培训，学习者慢慢就会克服自身较为狭隘的大民族文化主义观念，改变自己对世界各民族文化的偏狭的认识与理解，逐渐地完成对世界其他民族文化的较为客观全面的解读。

三、文化教学在欧洲

语言文化教学在欧洲各个国家有着不尽相同的发展过程。每一个国家不同的历史文化背景以及社会发展情况决定了其语言文化教学的不同性。第二次世界大战结束后，欧洲各国的外语教学主要采取了美国语言教学的"听说法"。在欧洲的各个学校当中，有关语言知识技能的传授与训练，是各个学校语言教学的主要内容。文化教学则被作为一门单独设置的课程独立于语言教学之外。在当时的欧洲课堂上，文化被作为一门独立的知识形式进行传授。语言与文化，是彼此独立的两个整体。文化教学的进行独立在语言教学以外，并不是语言教学有机整体的一部分。直至20世纪70年代，欧洲各个国家兴起了"交际法"教学，才将语言与文化教学推到了一个新的发展阶段。

当然，这与当时欧洲各国大的发展背景与趋势有着密不可分的关系。从20世纪70年代开始，直到20世纪90年代，欧洲联盟先后进行了四次增员。整个欧洲发展形势需要具有一定跨文化交际能力的人在各国之间进行频繁的交流与合作，以增进彼此之间的相互了解与认识。因此，培养具有跨文化交际能力的人才成为整个欧洲教学界与外语界关注的重点与目标。交际法外语教学就这样迎着欧洲大时代发展的态势诞生了，肩负着并且满足了欧洲各国在大的发展趋势中对跨文化交际人才的需求。但是，交际法外语教学在培养跨文化交际人才上存在着很大的不足之处，最为鲜明的不足点就是交际法外语教学没有在课堂上将外语教学与文化教学融为一个有机的整体，对语言和文化的研究深度明显不够。

基于外语教学的这一现状，从20世纪80年代开始，欧洲大陆兴起了一系列的语言教学改革以及文化教学研究浪潮。欧洲多数国家开始一改过去那种文化与语言相互独立的传统教学方法。一些国家甚至通过在其他科目中增加社会文化内容更好地推进语言文化教学的改革与发展。而且，欧洲各国开始有意识地在外语教学中以及外语教学外加入一些同语言紧密相关的社会文化的元素。1988年，欧洲联盟出版了两本有关语言文化的教学论文集，内容包括语言文化教学模式、学习方式、跨文化交际能力培养等方面。此外，从1989年开始，直到1996年，欧洲各个国家开始实行一项以提升外语学习者社会文化能力与跨文化交际能力为目标的现代语言计划，即"欧洲公民语言学习计划"。英国学者与法国学者共同承担了这一项目。他们组织欧洲国家的语言文化学者对外语教学过程中的社会文化因素的融入进行了深入而又广泛的研究，并且实践了各个不同国家的语言文化教学的方法，在他们的大力研究中，欧洲的语言文化教学研究取得了极具价值的研究成果，从而为"欧洲公民语言学习计划"的实施做了很好的保障。同时，他们在20世纪80年代撰写的有关语言文化教学的论文及著作，成功地奠定了他们在外语教学界应有学术地位，为文化教学在欧洲大陆得到应有的关注与重视做出了自己的贡献。

在欧洲联盟这一庞大的研究项目的影响作用下，欧洲各个国家也都开始举办各种文化研究会议，开设讲习班或培训实验课程，从而最大限度地促进了欧洲国家教师的文化教学意识观念的提升，推动了文化教学理论与思想的发展。

纵观整个欧洲文化教学的历史，其实很早就有了文化教学的踪迹，但是真正将文化教学融入语言教学当中只是近三十年才开始的事情。欧洲各国有着很好的地理位置优势与彼此之间合作的有利条件，尽管欧洲联盟语言文化教学起步不早，但是发展的态势却十分迅猛，而且在发展的过程中，理论的研究与语言文化教学实践紧密联系在一起，使语言文化教学取得了十分显著的成果。

四、文化教学在中国

通过对外国文化教学发展历程的研究，我们很容易发现，外语教学中的文化教学在很大程度上受制于一个国家的政治文化因素。语言文化教学必须与该国的社会政治文化发展相适应。与已经取得相当成就的欧美各国相比，我们对外语教学的文化研究显得相对滞后些。

直到 20 世纪 80 年代，我国才开始有关于语言文化教学的相关讨论。那时，我们对外来事物往往采取谨小慎微的态度，这在很大的程度上影响了大家对文化教学的认识与理解，从而妨碍了语言文化教学在我国的有效开展。

20 世纪 80 年代，我国的外语文化教学的整体状况不尽如人意。在外语教学中融入文化教学，全凭外语教师个人的兴趣爱好。教授英语民族的文化历史知识，开展相关的文化知识活动，都是教师根据自己的兴趣附属捎带着进行，根本不成体系。从严格的意义上说，这根本不能称之为外语文化教学。当然，这与当时教学部还没有制定出相应的教学大纲以及与之相配套的英语文化教学的教材有着很大的关系，也与当时的大学英语教学界缺乏系统的理论指导与方法研究有极大的关系。

一直到 20 世纪 90 年代，我国的外语教学界开始关注国外的跨文化交际理论与方法，跨文化教学开始进入我国的外语教学学术研究的范围。面对国外已经取得的研究成果，我们的语言学家、语言应用学家以及对外汉语教学专家及外语教师很快就文化教学达成共识，即文化教学是外语教学中不可或缺的一个重要组成部分。我国的语言学专家、学者以及教学一线的外语教师对外语中的文化教学进行了大量研究，包括对学术理论的深入广泛研究以及切实的教学实践等，并取得了一定的成果。很多语言学专家、学者发表了大量的研究论著，对语言、文化与交际之间的关系以及文化教学进行探讨研究。很多大学英语一线教师对文化教学的理论进行了实践操作，对教学方法也进行了探索。

此外，改革开放以来，我国教育部以国家文件的形式出台了大中小学的英语教学大纲三十多种，这些教学大纲具有指导性，对我国的外语教学起到了引导作用，从而使我国的英语教学水准得以不断提升。与此同时，这些英语教学大纲真实地记录了我国外语教学的发展历程，也是我国外语教学不断走向成熟的一个极为有力的见证。

在我国目前的外语教学界及语言学界，关于究竟该不该在外语教学过程中导入文化教学以及文化教学同语言教学究竟该不该分成两个相互独立的个体来进行研究的争论，已经不存在了。现在问题的焦点是如何在外语教学中更好地融入文化教学。纵观整个学界，关于这方面的争论方兴未艾，新的观点、新的方法乃至新的争论层出不穷。真可谓百家争鸣，众说纷纭。对这些争论进行分析就可以发现，在众说纷纭的诸家观点当中，其实最终争论的焦点集中在四个关键性的问题上。第一，外语教学当中的"文化"究竟指的是什么。第二，怎样在我国当前的外语教学实践中建构一套既有理论高度又具有相应的实践价值的外语文化教学理论架构，切实服务我国的大学英语教学。第三，通过什么样的教学方法才能更好地将外语教学中的语言技能知识教学与文化教学融为一个有机的整体，使我国英语专业大学生在学习目的语言知识技能的同时，能够很好地掌握目的语言民族文化的相关知识内容。第四，就中国当前的教学国情来看，建立一套什么样的跨文化交际教学模式，才能与我国当下的教学现状相符，并在最短的时间内取得有效的成果。

第二节　跨文化交流视域下我国高校英语教学现状

教育部原副部长吴启迪曾经指出，当今世界科技迅猛发展，国家与国家之间展开的竞争日益激烈。在世界经济发展的浪潮中，中国经济迅速发展，国家综合实力日益增强，中国与世界各国的联系愈加密切。在世界经济一体化和文化日趋多元化的大背景下，英语已经成为世界通用"普通话"，其在提升国家国际竞争力，在国际政治、经济商贸、信息交流等各个领域的重要作用越发凸显出来。掌握这门语言，能大大提高我们国家的国际竞争力。因此，加强大学英语教学改革，提高人才培养质量是培养具有国际竞争力的高质量人才的关键。可见，外语教育已被提升到振兴民族、提升国家国际竞争力的高度。然而，由于种种原因，在我国外语教育规划、教育实施以及教学改革进程中存在许多突出的问题。不对这些问题做细致的研究与分析，没有相应的对策，就会严重影响和阻碍中国经济的发展，影响我国综合国力、国际竞争力的提升。

一、跨文化交流给我国大学英语教学带来的挑战

（一）人才培养观念需要转变

随着全球一体化经济的不断发展，国家与国家之间的交流与合作日益频繁，我国需要大量拥有良好知识结构、出色的外语语言能力、熟知外国文化传统和交往礼仪，能够处理国际事务，进行国际交往的"国际化"人才。面对形势，人才培养理念需进行相应转变，具体包括如下几个方面。

第一，要正确理解和对待不同文化间的差异。要通过发现其他文化中的不足改进我们自身文化的缺陷，以便我们愈加客观公正地对待不同文化，这也利于我们寻找差异文化中的相似之处。

第二，要具备良好的文化适应能力。人们在跨文化交际过程中会不可避免地发生文化冲突，冲突的程度会对人们的进一步交流产生或轻或重的影响。人们只有提高自身的文化适应能力，才能保证跨文化交际的顺利进行。

第三，跨文化交际能力是实现文化双向交流与互动的基础。丰富的词汇和地道流利的语言表达并不能保证跨文化交际的顺利进行，对外国人的历史、地理、习俗、生活方式和价值观念等的了解和理解在跨文化交际中起着至关重要的作用。随着我国在政治、经济、文化等多个方面改革开放程度的加深，中国人跨文化交往日益频繁，人们普遍意识到只有熟练地掌握、运用英语，提高跨文化交际能力，才能有效地进行国际的交流与合作。因此，在跨文化背景下，英语教学责无旁贷。大学英语教学必须转变教学观念，把教学重点由原来的只注重语言教学转变为在原有语言教学的基础上，加强文化教学，加强培养学生的跨文化交际能力，努力造就国际化人才。

(二)外语教学理论需要更新

跨文化交际不仅仅涉及语言问题，不同文化间的差异更是难以逾越的障碍。在交际过程中，人们往往既要遵守语言规则又要遵守一定的文化规则。因此，在跨文化交际中，与言语表达相关的文化规则和习俗等文化背景知识尤为重要。我国的外语教学，恰恰在文化层面上非常薄弱，因此外语教学所面临的挑战十分严峻。

文化冲突经常发生在跨文化语境中。曾有学者指出，相对语言错误来说，文化错误则更加严重。因为语言错误只是表明没有把心里想说的话表达清楚，而文化错误则极有可能使来自不同民族的人之间产生误会甚至敌意。要想成功有效地消除交际障碍和交际摩擦，顺利进行跨文化交际，就必须具备一定的跨文化交际能力。

Winston Brembock 指出，"采取只知道语言不懂其文化的教法，是培养语言流利的大傻瓜的最好办法"。因此，外语教学必须重新定位教学目标，加强对跨文化的理解，把培养学生的跨文化交际能力放在突出显要的位置。

可见，传统的语言教学理论已经完全不能适应新形势下跨文化交际对外语教学的新要求。外语教学界只有以更加敏锐的眼光审时度势、通盘考虑新的世界局势对人才的需求，对外语教学理念、内容和方法等进行全面改革，才能使外语教学自如地应对新的挑战。

二、我国大学英语跨文化教学的现状

在理论上，我国外语教学界已经普遍认识到外语教学中文化教学的重要性，而实际教学中，现状仍不容乐观。跟踪调查大学生毕业后在工作中运用英语的情况，发现能够胜任外事交流的学生极少。绝大多数人要么是会看不会说的"哑巴英语"，要么就是交际中随处碰壁的"流利傻瓜"。原因在于他们对异国语言文化缺乏了解和理解，不懂得目的语言的使用规则，在交际中常常引起误会，造成严重后果。这是因为在外国人看来说一口流利英语的人自然应该懂得语用规则，不然怎么能把英语说得这么好？学生从小学、初中、高中、大学学英语达十几年之久，到头来却不能用英语有效地进行跨文化交际，这些事实足以表明我国的大学英语跨文化教学现状不容乐观。

大学英语是高等院校的必修课，各个院校都在大学英语教学上投入了大量时间，大量的人力、物力。然而，即使是四、六级成绩优异的学生也不见得能流利、得体地使用英语进行交际，这实在是件令人尴尬的事情。其原因在于在大部分课堂上英语教师仍在沿用传统的教学方法，教师讲，学生听，与学生缺少互动。学生对英语国家的文化知识知之甚少。教师和学生都在纯粹地为语言而语言。语言学习与文化学习被剥离开来。师生互动不足，素质教育大多停留在理论上。在英语已经成为世界通用语，国际竞争日趋激烈的21世纪，文化成为交流必不可少的、重要的因素。但是，大学英语教学实际上较少涉及文化教学。结合其他统计资料，可以看出我国大学英语教学的现状。第一，教师只注重课本知识，忽视了对学生学习西方文化的引导和指导。第二，大学英语教学模式与教学方法过于陈旧，教学内容不能与时俱进。第三，大学英语教师的专业知识和文化素养有待提高。总之，大学英语教学不应该只是简单的语言学习，跨文化学习也不仅仅是在英语语言的学习中融入文化的影响，而是要在深厚的中华文化的基础之上，采用对比分析等方法宽容、深刻地理解目的语文化。

第三节　高校英语跨文化教学中的问题

由于受到语言工具论的影响，我国的外语教学一直以来都是围绕着语言知识、词语分析、语法讲解和句型操练进行的，将语言作为一种符号进行传授。对语言之外的文化因素缺乏应有的重视。在这样的思想指导下，我国的外语教学重视语言教授，将培养学生的"纯语言能力"作为教学目标，而轻视语言文化内容的传授，与语言相关的文化因素被严重忽略。

伴随全球化和多元文化的发展，跨文化教学理念已被越来越多的英语教师接受，教师已经普遍认识到跨文化交际知识和跨文化教学的重要性，并普遍认为语言技能训练与文化知识学习同等重要，认识到英语教学不仅仅要培养学生的语言能力，更重要的是培养学生的跨文化交际能力，语言技能和文化技能的完美结合才能使跨文化交际中的语用障碍和语用失误最大限度地得以避免。认识归认识,大学英语跨文化教学的有效实施并没有真正得到落实。教师和学生认识上的差距,教学目标、教学内容的制约等因素,使跨文化外语教学效果不尽如人意,学生的跨文化技能与跨文化交际能力普遍很低。下面我们就具体分析跨文化教学中存在的现实问题。

一、跨文化教学缺乏理论支持

中国的外语教学领域缺乏宏观的规划与指导,还未形成具有中国特色的外语教学理论体系。以引进为主的外语教学理论中有些研究并没有与中国的外语教学实际紧密结合,无法真正指导中国的外语教学实践。在管理层面上,有关领导、教育行政管理部门、从业人员轻视外语教学理论的指导作用。专家的意见和建议很少得到充分的重视和肯定。有些课程标准的设计、教材的编写、评估标准的设定往往缺乏科学的理论指导。

几十年来,教育部制订和颁发了各级各类为数众多的英语教学文件和大纲,当中却没有一个大纲认定文化教学与语言教学同等重要,更没有对文化教学标准、内容、方法和测试与评价进行系统论述。在没有大纲的约束和指导下,教师只是凭着个人兴趣在时间允许的范围内零星给学生介绍一些文化知识而已,距离真正的跨文化教学相去甚远。

二、教师自身问题亟待解决

不容置疑的是,教师是知识和文化的传播者,教学效果在很大程度上取决于教师的知识结构、教师对文化的了解程度以及教师的教学态度。教师在教学内容和教学方法选择等多个方面的表现都会体现出其对外语文化的理解程度。在具体的教学过程中,教师应该将语言文化教学与语言技能教学有机地结合在一起,引导学生自觉地了解和适应目的语言文化,增加其对目标语言文化的敏感性和洞察力,帮助学生获得语言技能与语言文化"双丰收"。

外语师资质量无疑是外语教学质量的保障。在我国目前英语教学的社会环境条件下,英语教师教授是学生获得英语能力的主要途径,有时甚至是唯一的途径。所以,外语教学不同于其他学科的教学,外语师资的质量在很大程度上决定了外语教学的质量（束定芳，陈素艳，2010:194）。由于我国英语学习者人数众多，优秀英语教师一直处于短缺状态，教师整体质量不容乐观。就大学英语教师而言，教师学历结构严重偏低，目前的整体学历水平虽已比束定芳所得出的调查结果大有改善，但也如其所说，学历的提高并不意味着水平的同步提高。就教师目前的状况而论，无论是专业水平，包括语言知识、语言应用技能、跨文化交际理论和教学法知识等，还是教学理念和教育观念，都不能适应现代外语教学的要求。因此，提高英语教师整体素质刻不容缓。

综上所述，虽然大部分教师对文化知识的学习、对文化教学的重要性、对学生跨文化交际能力的培养有所认识，但是教师教学理念陈旧，自身文化储备不足，对文化内涵的理解、对语言与文化的关系、语言教学与文化教学关系的理解还不够深入，教师文化培训欠缺，文化教学尚处于可有可无、文化教学内容不够明确的盲目状态，教学方式方法又落后、单一，大学英语文化教学状态堪忧！

三、跨文化内容在英语教材中表现薄弱

跨文化意识和跨文化交际能力的培养不仅需要学习者在本族文化和目的文化之间建立一种相互比较、相互对照的关系，而且还要求学习者对这两种文化之外的其他文化有所了解和体会。在以英语作为国际通用语进行教学的情况下，让学习者接触和了解其他文化十分必要。遗憾的是，现有英语教材中很少涉及英国和美国之外的其他国家的文化内容，更不用说将文化普遍规律和培养跨文化意识和能力的内容和活动列入教材。没有充足、令人较为满意的文化教学材料是我国大学英语跨文化教学中的突出问题之一。教材成为教师教学和学生学习的主要依据和向导，更是中国学生的依靠，解决现有教材存在的问题是实现跨文化外语教学目标的关键。

总体来看，教师认为教材中文化内容较少。目前外语教材呈现下列特点。

（1）我国目前使用的英语教材中的文化教学内容的组织编排缺乏系统性，辅助文化教学材料如系列文化导入教材、相关的有声资料、参考资料在中国市场上也不多见。词典等参考资料上的文化释义呈现不足。

（2）教材中有关中国传统文化的内容极为少见，这严重影响了学生文化平等意识的建立和文化鉴别能力的提高，也势必影响中国传统文化的世界传播。

（3）教材中说明性和科技性较强的文章所占比重较大，有关英语文化，尤其是英语国家精神层面的文化材料，如价值观、思维模式、民族心理、伦理道德等内容较少。学生对异族文化的行为准则缺乏了解，必然会影响跨文化交际能力的培养。

（4）文化内容与语言内容有机结合的教材较少。大学英语所使用的教材大都突出语言能力的培养，通常让学生课前或课后自己阅读相关文化背景知识。以文化为基础的语言教材在中国极为少见，即便有，也因为教材所设计的教学活动以语言学习为主，而使文化教学的价值大打折扣。

虽然为了达到外语交际的目的，各种各类的外语教材都在努力以功能或情景为主线将异族文化信息加以呈现。但是，"这种旅游式的文化内容"在广度和深度上的呈现必定有限。旅游者通常只触及文化冰山的一角。没有文化冲撞的体验，就无法培养学生对其他文化的积极的态度和文化相对论的思想，也无法满足跨文化外语教学的需要。学习者只有了解目的文化的各个方面、各个层次，并不断反思本族文化，才能实现提高跨文化交际能力这一教学目标。肤浅、狭隘的文化介绍反而可能会加深学习者对目的文化的成见，加重他们的民族中心主义思想。

四、传统中国文化价值缺失

刘长江指出，我国外语文化教学要特别注意两个方面：（1）加强目的语文化和母语文化的学习。（2）注重学习以目的语表达目的语文化和母语文化。21世纪，国际局势迅猛发展，文化的交流是双向的，外语学习的目的是实现"双语文化的交叉交际"。如果对文化缺乏了解，或不会使用外语进行文化表述，这种交际就会出现失误甚至中断。

随着文化教学的推进，在高校跨文化教学中，语言文化的教学已经占据主导地位，目标语言的相关文化、习俗和交际技巧都得到了有效的学习和传播。但是，我们的母语文化却在这个过程中被忽略了，母语文化在跨文化交际过程中，人们要相互交流、彼此理解、互相影响。交流也意味着吸收和传播，只吸收，不传播，就不是真正意义上的跨文化交际。

中国文化知识的不足制约着学生跨文化交流的顺利进行。目前，在外语教学中普遍存在着一些问题，如当前大学生在跨文化交流时，虽然了解一些英美文化，但对本国文化的表达和介绍却力不从心，无论通过口语表达还是书面表达都无法进行深入、广泛的交流，"中国文化失语症"现象十分严重。

关于学生运用英语陈述具有中国文化特色事物的能力情况的调查结果显示，学生在这方面的平均得分、众数和中位数均只略高于及格线，说明学生对中国传统文化的英语表达疏于了解和学习，说明大学英语教学中存在着"文化失语"现象，存在"中国文化失语症"问题。

张为民、朱红梅的研究显示，能较为完整地用英语表达中国传统节日如春节、中秋节和端午节等内容的学生只有百分之二十八左右。然而，李春晓通过调查研究发现，与春节相比，学生对圣诞节的描述更清晰更全面。韩翠萍等还发现，有将近百分之七十的学生不能流畅清晰地表达相关文化话题，写出的关于中国文化的文章也空洞无物。

目前中国那些所谓的优秀英语学习者中，不了解本国传统文化、不能用英语表达自己国家文化的人数比例相当大。这就是我们前面提到的"中国文化失语症"问题。在我国的外语教学中，母语同外语教学各行其是，互不干涉。外语教学界没有认识到母语在文化语教学中的地位和作用，母语文化教育严重缺失。

有调查显示，美国是互联网上大部分信息的来源国，而在互联网上可以查找到的来自中国的信息只有十分可怜的0.04%。这个触目惊心的数字说明了什么？说明世界范围内的信息交流存在极端不对等性，这种不平衡的信息交流势必会助长某一方的文化霸权意识，使弱小方蒙受"文化侵略"的危机感。

母语文化教学的缺失造成了"中国文化失语症"，严重阻碍了跨文化交流，我们无法运用我们自己的语言向外传播我们优秀的中国传统文化。该问题如果不予以重视，反而去迎合和接受外来文化，那么在这样的跨文化交流中，我们就会陷入文化认同危机之中，久而久之，我们自身的文化就会被同化甚至吞噬。

在我国的英语教学中，英语教材中的西方价值观占主导地位，中国传统文化内容严重短缺。英语作为西方文化的载体，自然体现西方的价值观念和意识形态。以西方文化为主体的文化教学忽视了中国文化世界传播的重要性和必要性，不利于学生跨文化交际能力的提高和跨文化交际的有效进行。

因此，要客观辩证地评判异国文化，正确地欣赏和理解文化。抱着单一地吸收和肯定或否定的态度都是不可取的。只有在正确的价值观和世界观的指导下，在深厚本土文化的基础之上学习、体验、对比、鉴别母语文化与目的语文化，才能正确理解、评判异国文化，才能实现真正意义上的跨文化双向交流。

第四节 高校英语跨文化教学的必要性

一、大学英语跨文化交际教学是当前中国社会经济发展的客观需求

毫无疑问，进入21世纪以来，伴随着我国社会各个层面改革的继续深化，经济的飞速发展，国际性的事务交流越来越频繁。我国的社会发展需要有一支庞大的、具备跨文化交际能力的人参与到国际贸易交流中来，需要这样的一支具备高素质跨文化交际能力的队伍来解决越来越多的国际性事务，以此来更好地增强国际的交流与合作，使我们的跨文化交际得以顺畅进行。

当然，我们所需要的这种跨文化交际人才，不仅需要具备相当的语言沟通交流能力和优化知识结构组成的能力，还必须要具备国际性的文化理念与思维，对于异域民族文化与传统、日常礼仪与交际原则等都有着一定的了解，也就是具备相当的跨文化交际的能力。跨文化交际能力是一种双向的沟通交流能力，不仅要对目标交际对象的民族文化有着较为深入的理解与认识，同时对于本民族的文化知识与传统，也必须有着一定程度的理解掌握，这样才能够在跨文化交际过程中更好地实现双向的交流与互动。在跨文化交际过程

中，要想能够得体顺畅地同外国人进行交流，仅仅具备流利的语言表达能力与较为丰富的交际对象的语言词汇是根本不够的。若想保证跨文化交际的顺畅进行，必须还要对目标交际对象的历史文化习俗和价值观念等有着深入的理解与认识，这样才能够很好地避免在交际过程中因为文化的差异性而产生的误会与冲突。因此，为了能够培养出优秀的跨文化交际人才，使其在跨文化交际中具备强大的国际竞争力，以更好地跟上时代前进的步伐，更好地满足我国飞速发展的政治、经济、科技以及文化对于跨文化交际人才的需求。基于国情发展现状，我们的大学英语教学过程中有效地融入跨文化交际的教学内容，将跨文化交际教学提升到大学英语教学课程内容的一定高度，逐渐将大学英语教学传统教学方法的听、说、读、写能力训练转移到对于跨文化交际能力的全面人才培养重点上来，培养出适应时代发展需求、具备跨文化交际综合素质与能力的国际性人才，是我们大学英语教学改革应该关注的重点内容。大学英语跨文化教学过程中，除了对目的语言民族的文化给予相当的重视，还必须对不同民族之间存在的文化差异性给予足够的关注，在文化教学的过程中同时关注民族文化的差异性，从多个角度、多个层面来增强学生对于不同民族文化的理解与认识，从而更好地拓展学生们现有的知识结构，帮助大学生在英语学习的过程中更为有效地培养起跨文化交际的能力与素养，为我国的国际化人才竞争培养打下坚实的基础。

二、大学英语跨文化教学是促进大学生社会性发展的需求

任何一个人都是社会的人，具备一定的社会属性，同社会的发展紧密相关，在社会中扮演着一定的角色，并且相应承担其应有的社会责任。因此，在个体的人与作为集体的社会之间就形成了一种彼此相互联系、相互依赖、共同发展的关系。每一个人都生活在一定的社会当中，既然在社会中生存并且想谋得个人的发展，那么就得不断地进行学习，而学习则根本无法离开社会各个方面。基于此，我们的教师就有责任也有义务在教学过程当中引导学生通过学习来不断地认识社会各个层面的真实情况，对于那些与学生日常生活紧密相关的社会现象，都应该适当地引导学生进行必要的理解与认识，这

是对于学生人生经验与阅历的一种极为有效的途径，对于发展学生的自身认知能力，丰富他们的情感、知识以增强其自我分析能力及对他人、对社会的认知，都有着极大的促进作用。在此基础上，教师才能够更好地引导学生构建自己良好的行为习惯体系，从而培养自我良好的社会道德体系、人生观与价值观。对于大学生来说，大学教学是促成其社会性发展的有效助推力。当前的大学生们面对的社会交往关系及现象更为纷繁复杂，多元化的社会交往决定了交往方式的多样化与复杂化。那么，通过跨文化交际教学来培养学生面对社会不同人群与不同的语言群体时应有的交际能力，培养大家在人与人交际合作时的正确态度与意识，从学校与社会各个层面来帮助大学生提升自我的跨文化交际能力与素养，对于他们更好地认识这个世界、跟上社会与时代发展的步伐，以及对于自我素质的发展都有着很好的作用。由此可见，我们倡导的大学英语跨文化教学同当前青少年培养的社会化目标是同步的，最终的目的就是帮助青少年学生树立正确的理想与信念，培养大家追求平等、尊重差异、相互合作的思想观念与意识。我们大学英语跨文化教学的目的也是为了能够培养当代大学生的文化知识素养和综合能力，将每一个学生潜在的能力与其自身所蕴含的聪明才智最大限度地挖掘并且发挥出来。无数的教学实例已经表明，在大学英语教学中实行跨文化交际教学不是一个空泛的概念或者是仅限于理论层面的空谈，而且社会与时代的发展也为具有跨文化交际综合素养的人提供了越来越多的机会与平台，如国际性的交流与合作越来越频繁。在大学英语教学中给予跨文化交际教学以更多的关注与重视，不断地从更深的层面来增强培养学生们对于不同的民族文化的认同感、包容性，树立起他们面对异域民族文化时应有的包容意识与精神，懂得拥有不同文化背景的人与民族之间彼此相互尊重、平等交流与合作，这也是大学生们面向未来发展的一项较为基本的社会生存能力，这是促进不同语言民族之间的文化交流与合作、发展，推动国际的交流与合作的一项基本能力与素质，是当代大学生社会性发展的必备生存能力之一，是更好地适应时代与社会发展步伐的要求。

三、大学英语跨文化教学是实现民族自强自立的需要

多年来，中国社会主义经济发展在国际上处于弱势位置，要想成功实现中华民族在世界之林中的伟大复兴，构建民族的自立自强精魂，大学英语教学是一个必经之路。因为作为当前世界通用语的英语，任何国际性的交往都需要通过这一有效的语言沟通工具来搭建桥梁。中华民族的发展融合世界的整体发展态势，离不开英语这一世界通用语来做桥梁纽带。但是，面对着西方的文化霸权，我们在学习英语的过程中不仅要有能力博古通今、融汇中西，还要能够做到对西方文化的辩证吸收，内化融汇，这样才能够真正建立起自我强大的文化意识。我们在学习英语的过程中，必须要对西方文化以及语言对中国文化形成的巨大冲击有一个较为清楚的认识，对其形成的垄断性地位有明晰的判断与鉴别。我们要清醒地认识到西方文化对我国传统文化形成的巨大的冲击。这一冲击，对于中国来说就如同一把双刃剑，对于中国的经济科技发展以及外贸等来说具有较大的积极促进作用。可是对于我们的意识形态领域来说则是一个巨大的挑战。

伴随着我国不断深化的改革开放的步伐，我国的综合国力的确是在不断地飞速提升，因此一些国际的交往也就越来越频繁。在此种情态下，我们对于具有跨文化交际能力的人才的需求也就愈加强烈。我们需要世界上对于异域民族有着较为深入理解的人才来参与到我们的国际交流中。因此，我们的大学英语教学就提出了新的教学目标，培养跨文化交际人才，将跨文化交际教学的内容提升到一定的高度，使学生在学习实践中培养起其面对多元文化的包容性。鉴于此，在我国当前的大学英语教学中实施跨文化教学是一件极具深远意义的事情。

四、大学英语跨文化教学是顺应高等教学国际化发展趋势的需要

面对全球一体化发展的趋势，是当前世界性的高等院校办学得以进一步深化发展的新的理念基础。由此可见，在高等院校大学英语教学中实施跨文化教学，已经成为一个国际性高等院校发展的必然方向。跨文化教学在高等

院校的有效实施，对于我们办学理念具备世界性的眼光、融入世界办学教学的洪流当中具有积极的推动作用。通过跨文化教学的实施，我们可以不断地吸纳先进教学理念与办学模式，站在理性的角度来对我国的高等教学进行分析，并且能够以世界性的战略眼光来看待分析全球性以及民族性的综合性问题，从而在理论与实践相结合的同时，找到本土办学同世界各国办学成功经验的融汇点，以此来更好地把握主流意识的发展，更好地进行创新，并且办出自我特色，推动我国当前的大学教学。特别是伴随着全球性一体化发展的态势，办学也呈现出新的发展趋势，很多高等院校都在寻找着共同合作办学的新机会，中外合作办学正在不断地发展中。在此过程中，无论是从办学的主体来说，还是从参与办学的客体来说，大家都共同面临着多元化的趋势，办学背景、办学对象也呈现了多元化的趋势，乃至于信息来源、思维方式、社会习俗等也呈现出多元化的特点。因此，在这样的办学理念以及办学氛围中培养出来的人才由于多元化的作用，必然受到多元文化思维影响而具备多元化的意识，这有利于学生形成开放、包容的文化思想。由此可以看来，对于中外合作办学这一新的办学模式中的跨文化教学进行深入的关注与研究，对于我们的大学英语跨文化教学是一件十分有意义的事情。

这是因为，第一，面对着全球一体化发展的大趋势，我国高等院校面对的不仅仅是国内市场带来的巨大挑战，在全球化的发展过程中已经被全球一体化潮流裹挟着融入了世界性的市场潮流中。具有跨文化交际能力的国际性的人才已经成为全球范围内的一种需求，而不再只是某一个民族或者是某一个时间段的需要了。毫无疑问，这必然对全球各个国家与民族的高等教学提出了改革与发展的迫切要求。立足全球性的高度推动着各个国家高等院校进行发展与改革。第二，中外合作办学的教学模式是以双向互利、文化平等、交流融合、共同发展为基础与目标的新的办学教学模式。现在，对于跨文化教学，已经被经济开放型国家首肯为进入国际性交流、融入国际发展态势中必要的战略性工具与手段。

面对着全球一体化发展的潮流与趋势，各个国家的商品、信息、服务乃至于人员的跨国界开放，是促使大学生成为全球一体化发展过程中增强国与国之间交流、理解、加强合作极为有效的方法。甚至可以说，现在的大学教学，已经前所未有地成为一个国家提升综合国力的代表性标志。在当前这种多元化办学模式的作用下，各大高校都在通过多种方式方法，将派出与引入结合起来融入自己的办学教学模式当中，以更好地增强学校在世界性发展态势中的竞争软实力。越来越多的高等院校已经意识到，面向未来的大学人才应该是具有全球意识与国际交往以及跨文化交际能力的人才，这一人才培养目标必然促进大学英语跨文化教学的发展，推动文化教学在大学教学中的作用。

第六章 高校英语跨文化教学理论

第一节 高校英语跨文化教学的理论建构

语言变化与社会发展同步进行，外语教学作为一门应用型学科，必须以社会发展的需要和学习者个人进步的需要为出发点，以帮助学习者适应社会的政治、经济及文化发展为己任。跨文化交际成为当今世界的时代特征，跨文化交际能力成为学习者适应这一时代发展需要的必备能力，跨文化外语教学在这种背景下应运而生。

一、跨文化英语教学的含义

在进行语言文化教学前，首先要明确的是跨文化英语教学究竟要教什么。跨文化英语教学的目的是使学习者最终成为一个跨文化的人。即通过对文化的学习，学习者能理解和尊重各种不同的文化，在面对不同的文化冲突的时候，能够适时选择合适的交际策略，使交往顺利进行。

跨文化英语教学考虑到全球化英语使用和本土语言背景的影响，在跨文化交际过程中实现国际化与本土化的结合。它既注意文化教育，也注意人文教育。语言的使用体现在交际方面，那么在跨文化英语教学过程中，不可避免的是跨文化交际英语教学。在学习过程中应该注意的是跨文化交际法，教学的目的是培养学生的跨文化交际能力和跨文化素质，使之最终成为一个跨文化的人。

二、高校英语跨文化教学理论基础

（一）语言与文化，语言教学与文化教学的关系

语言与文化之间密不可分的关系已经得到广泛认可。传统外语教学的基础学科——语言学，也从单纯的语言形式研究的禁锢中解放出来，衍生出了社会语言学、语用学、心理语言学等分支学科，进行了大量跨学科研究，使语言与思维、社会、文化和交际之间千丝万缕的联系逐渐被认识。任何一种语言的产生和发展都依赖于该语言群体及其赖以生存的社会文化。语言不仅具有表情达意的交际功能，它还是感知和思维的表现系统。前者是语言的外显功能，以语言输入和输出为形式，后者是语言的潜在功能，属于认知心理活动。两方面相辅相成，构成语言使用的全过程。

任何人际之间的交际都是从个体对外界环境进行选择性的感知开始，这个感知活动受个体的语言、文化和经历的影响。通过各种身体器官（视觉、听觉、触觉等）感知的结果，然后经过大脑活动转换成概念或思想，这两个过程构成语言表达的第一阶段，即输入、内化阶段。要想对方知道自己的思想，还必须借助语言系统外化自己的感知结果和思想，这就是语言使用的外化、输出阶段。这一过程首先是将已经形成的概念和思想转换成能用外化的一个新的符号系统。这不是真正意义上的语言学习，在这种情况下，学习者学到的只是一套脱离了原来赖以生存的文化内容的符号系统，学习者只能用它来表达自己本族文化的一些思想内容，却无法将其作为与目的语语言群体进行交流的工具，因为离开了该语言所反映的社会文化现实，这一新的符号系统就好像一个没有了血肉的、僵化的躯干，失去了其原有的活力和价值。Bennett将这种熟练掌握了一门外语的语言体系，但是不懂该语言所蕴含的社会文化内容的人戏称为"流利的傻瓜"。他指出，这些"流利的傻瓜"们尽管懂得交际对象的语言，但是由于不理解他们的价值观念，所以会陷入各种麻烦之中，不是去冒犯别人，就是感到被别人冒犯，久而久之就可能对交际对象形成负面、消极的看法。

外语学习的目的多种多样，但是就正规的学校外语教学而言，提高学习者外语交际能力是一个共同的目标。外语交际能力的提高必然要求学习者了

解目的语言所反映的文化意义系统，通过将目的文化与本族文化进行对比，调整和修改自己的认知图式和参考框架。只关注语言符号和语言形式，忽视语言使用中的文化内涵的教学显然是毫无意义的，外语教学应该与文化教学有机结合。

跨文化交际能力这一概念将跨文化交际学和外语教学两门学科联系起来，使两个原本独立的学科开始相互渗透、相互借鉴。外语交际能力作为跨文化交际能力的重要组成部分，逐渐受到跨文化培训人员的重视；文化与语言血肉相连，文化知识的学习和跨文化交际能力的培养理应成为外语教学家族中的成员。

（二）文化外语教学是外语教学发展的需要

外语教学是一门极其复杂的应用型学科，涉及学习者的认知心理、教师的教育观念、社会的政治经济环境等诸多方面，因此外语教学理论的建立需要借鉴很多不同学科的研究成果。而且，由于外语教学的宗旨是为社会和学习者个人发展服务，培养社会发展所需要的人才。所以随着社会的飞速发展，外语教学工作者也应及时更新观念，调整教学大纲和教学方法，以跟上时代发展的步伐，这就是第三次社会化过程的基本含义，也是外语教学为提高学习者综合素质所做出的贡献。

跨文化外语教学无论是从语言与文化的关系和外语教学的需要来看，还是从社会发展的外部环境来看，都是十分必要的。一方面，文化作为外语教学的有机组成部分，为语言学习提供了真实而又丰富多彩的语境，使语言学习与真实的人和事物联系起来，从而刺激了学习者外语学习的积极性，增强了他们的学习动机，因此有利于促进外语语言教学，提高教学效果。另一方面，将语言教学与文化教学结合起来符合跨文化交际能力培养的需要，因为不学习目的语言，不通过交际实践，只通过媒体等渠道了解目的文化，只能是一种间接的文化学习，学习者不可能获取跨文化交际的亲身体验，因此很难在情感和行为层面达到跨文化交际能力的要求。在外语教学中进行跨文化培训可谓一箭双雕，既满足了语言学习的需要，又促进了跨文化交际能力的提高，从而充分发挥了外语教学的潜力。

到现在为止，我们的讨论还只停留在对跨文化外语教学的必要性和先进性的探讨上。理论说明固然重要，但是跨文化外语教学如何实施的问题则具有更实际的意义，如何在大纲和课堂教学中体现跨文化外语教学的思想是教师和学生更加关心的问题。

三、跨文化外语教学的目标和内容

确定目标和标准是教学计划和教学实践的第一步。跨文化外语教学近二十年来在美国和欧洲等国家发展很快，跨文化外语教学这一术语的使用目前并不统一。这里所指的跨文化外语教学是在吸收这些理论思想的基础上，将跨文化外语教学思想又向前推进了一步，形成了具有中国特色的跨文化外语教学框架。确定教学目标，界定教学内容是这一框架的两个重要环节。

（一）跨文化外语教学的目标

跨文化外语教学的总体目标：提高学习者的外语交际能力（语言文学目标，初级目标）；培养学习者的跨文化交际能力（社会人文目标，高级目标）。跨文化外语教学是交际法外语教学的延伸和发展，如果说提高外语交际能力是交际法外语教学的最终目的，那么它只是跨文化外语教学的一部分，是促进跨文化交际能力培养的一个重要手段。这并不意味着外语交际能力培养应该附属于跨文化交际能力的培养，是一个次要的教学目标，实际上在跨文化外语教学中两个目标的实现同等重要。外语交际能力以目的语言和文化的学习为核心，以语言交际能力和阅读能力的提高为重点，是外语教学实用的语言文学目标。跨文化交际能力的培养作为外语教学的高级目标，是通过进行文化对比，增强跨文化意识，学习普遍文化知识，培养多视角的、灵活的、立体的思维能力和与不同文化群体进行交际的技能，发挥外语教学对于学习者个人素质和综合能力培养所具备的潜力，这是外语教学的社会人文目标。虽然在一定程度上，外语交际能力是跨文化交际能力的前提和基础，但是跨文化交际能力的培养过程同样可以促进外语交际能力的提高，因此它们之间是一种相辅相成、相互渗透、共同发展的关系。

对外语交际能力的研究经历了一个发展完善的过程，基本上已经形成一套相对稳定、成熟的理论体系，这些理论在外语教学实践中得到了检验和充实。同样，跨文化交际能力作为跨文化交际研究的主要课题之一，也受到许多研究者的重视。由此可见跨文化交际能力在外语教学和跨文化交际两个学科领域之间所起的桥梁作用。尽管外语交际能力和跨文化交际能力都已在各自的领域得到了极其充分的研究，但是跨文化外语教学的目标和内容并非两者的简单相加。由于语言与文化教学的有机结合是跨文化外语教学的本质特征，因此一个相互渗透、融为一体的语言和文化教学框架才是我们追求的目标，语言与文化的有机结合应该从确定教学目标开始，贯穿外语教学的其他环节和整个过程。

我们首先从教学目标着手。英语中用 goals，aims 和 objectives 3 个单词来表达不同层次的教学目的。前面我们已经提到了外语教学的两个目标，即 goals，这是对教学目的的总体、抽象的描述。只有对抽象的目标进行具体分析，才能将其转化成可供外语教育工作者教学设计的依据和参考，这些细化了的目标就是教学目的（aims）。与这些目的相伴而生的是衡量达到这些目的的标准（standards）。目的和标准的确定非常重要，因为一方面它是对总体目标的细分，是总体目标实现的衡量标准；另一方面又是对教学具体实施的指导，是确定课堂教学目的（objectives）和教学活动的基础，也是教学评估和测试的基础。这种承上启下的作用决定跨文化外语教学要得到外语教学界的普遍认可，成为一个健全、合理和实用的外语教学法，必须有明确的教学目的和标准。

教学目的和标准的确定基本上属于一种政府行为，一般是由政府教育机构发起，委托数名专家组成项目组进行调查研究，提交报告，最后再由教育部门审定和颁布，并监督实施，如美国 1996 年公布的面向 21 世纪全国外语教学标准，以及各州随后根据这一全国标准和地区的实际情况所制定的外语教学的目的和标准。这说明教学目的和标准的确定受社会文化和政治经济等客观环境的影响，虽然跨文化外语教学的本质特点适用于任何国家和地区，但是其教学目的和标准以及教学方法在美国和欧洲可能有所不同。同样，在中国，跨文化外语教学也应该具有自己的特色，不能一味模仿，全盘照搬西方国家的做法。

1. 知识层面

语言意识即知道语言的基本特点和功能，理解语言和语言使用与社会文化之间的关系；文化意识是知道文化的基本概念和特点，理解文化与语言之间的相互作用,目的文化知识包括了解目的文化的交际风格,了解目的文化的非语言交际特点,了解目的文化的社会习俗,了解目的文化的社会结构,理解目的文化的价值观念,了解目的文化的历史、地理和环境,了解目的文化的文学和艺术。

2. 能力层面

外语交际能力包括语言能力、非语言交际能力、社会文化能力、交际策略;跨文化交际能力指的是能够分析和观察文化现象,能够将目的文化和其他文化与本族文化进行比较,能够反思并更好地理解自己的民族文化和个人文化参考框架,能够接受文化差异,将文化差异与不同的价值、意义系统联系起来,能够根据交际场合和交际对象调整自己的言行,能够以跨文化的人的身份参与跨文化交际,做一个文化协调员,能够采用灵活的、多角度的立体思维方式,意识到不同文化没有好坏优劣之分,只有异同的存在。以上跨文化外语教学的目标框架以培养学习者外语交际能力和跨文化交际能力的总目标为宗旨,从认知、行为和情感三个层面对教学目标和目的进行描述,为教学内容的选择、教材的编写、教学方法的设计、教学测试和评估以及教师培训等环节提供了依据和参考。

(二)跨文化外语教学的目的

跨文化外语教学的目的包括知识、能力和态度三个层面,因此教学内容也应该全面考虑学习者这三方面的需要。下面我们对所列出的教学内容进行分解。首先,跨文化外语教学内容由四个模块构成,即目的语言、目的文化、其他文化和跨文化交际能力。

目的语言和目的文化这两块内容与我们现行外语教学的内容基本吻合,通过这两方面内容的学习,学习者能够掌握目的语言知识,并能使用该语言与目的语言群体进行有效交际,这就是外语交际能力。值得一提的是,在这两个模块中分别增加了"语言意识"和"文化意识"两项内容。将语言意识列为教学内容是希望学习者通过学习目的语言,反思自己的母语,了解语言的普遍规律,尤其是了解语言与社会和文化之间的关系。同样,培养学习者的文化意识是为了让他们了解文化的构成、文化的作用、文化的发展规律等文化相关知识,文化意识是跨文化意识和跨文化交际能力培养的基础。此外,文化交流作为目的文化教学内容的组成部分,指的是学习者本族文化和目的文化之间的交流,即学习者在学习目的文化知识的同时,不断寻求机会,或由教师创造机会,去体验目的文化,并且反思本族文化,将目的文化与本族文化进行比较,以增强对文化差异的敏感性,培养对目的文化的移情态度。值得注意的是,文化交流与语言使用应该属于同一个内容范畴,因为它们通常是同时进行的,文化是交流的内容,语言是交流的手段。

外语教学内容的第三模块是其他文化的教学。这是跨文化外语教学不同于其他以文化为基础的外语教学的特点。如果说外语交际能力是以目的语言和目的文化的掌握及应用为目的,那么跨文化交际能力则是一种以学习者母语和本族文化以及目的语和目的文化的学习、交流、反思和体验为途径,同时兼顾学习和了解其他语言和文化的特点,进而超越各种具体文化束缚的一种灵活的交际能力,是以与来自世界各种不同文化的人们进行有效交际为目的的能力。如果外语教学完全排除其他文化的内容,势必会造成学习者徘徊于本族文化和目的文化之间,而忽略了其他文化的存在,这不利于培养学习者的跨文化意识,也不利于跨文化的人的培养目标的实现。虽然外语教学由于时间和精力的限制,不可能让学习者同时全面学习和体验多种不同的文化系统,但是在一定程度上了解除本族文化和目的文化之外的其他文化的特点是可行的,可以通过教学材料的选择和教学方法的设计来完成。

跨文化外语教学内容的另外一个范畴是跨文化交际能力的培养,它包含的教学内容很多。

其中跨文化意识指的是对文化差异敏感性和态度的培养,跨文化交际能力是一个宽泛的概念,是一个包含知识、能力和情感各个层面的综合素质,而跨文化交际实践作为教学内容之一,主要是由教材和教师提供或创造跨文化交际的机会或情景,让学习者去体会跨文化交际过程中可能出现的问题,如文化冲撞、误解等,在教师的帮助下,他们从中学会自我调节,掌握解决问题的方法。在这个教学内容模块中还包括了跨文化研究方法的教学,其意义在于跨文化交际能力的培养是一个终身学习的过程,学习者不可能在学校教育期间学习世界所有不同的文化,外语教学也不可能预计学习者将会遇到的各种跨文化交际情景,因此掌握跨文化研究的方法是最现实、最有效的途径。

四、跨文化外语教学大纲的特点

跨文化外语教学的本质特点是以跨文化交际能力为组织原则，以文化为中心的外语教学，这显然与提高外语阅读能力或外语交际能力为目的的外语教学不同。除了上节论述的目标、目的和内容上的区别之外，教学大纲的组织结构也有很多不同之处。

（一）三种外语教学大纲比较

早期传统外语教学的大纲受语言学影响具有很强的科学性，外语教学内容被线性分割，语音、语法、词汇等作为教学的主要内容，与它们得以存在和使用的、真实的社会文化语境几乎完全脱节，学习者的主观思想和个人体验更是被置于九霄云外。这种客观科学的教学大纲的典型代表是直接法和听说法。后来的交际法外语教学和其他一些以语言能力为目的的外语教学法采取的是一种介于科学性教学大纲和人文性教学大纲之间的、过渡性和连接性的课程大纲，其特点是强调学习者使用所学语言知识，来表达自己的思想和感情的重要性。在这个教学大纲中，意义的理解和表达重于语言结构和形式的学习，学习者的个人需要和主观作用得到了一定程度的认可。人文性的教学大纲考虑外语教学的社会、经济和政治环境，以及学习者自己的知识和体验对于外语教学的作用，沉默法、暗示法和社团学习法都属于这种人文性的外语教学模式。

交际法和人文性大纲都包括了文化内容，只是前者的文化教学较为肤浅，只涉及与语言和语言使用相关的文化内容，忽视了社会文化环境和学习者个人文化背景在外语教学中的作用；后者的文化内容虽然较之要丰富、自然得多，但是其目的仍然是促进语言教学，因此文化在外语教学中仍处于辅助、次要的地位，文化教学自身的价值和独立性没有得到重视。只有跨文化外语教学才真正认识到文化教学不仅对语言学习必不可少，而且也是跨文化交际能力培养和学习者个人综合素质发展的必经之路。将文化教学提高到与语言教学同等重要的地位是跨文化外语教学的创举，因此跨文化外语教学大纲将充分体现这一特点。

（二）跨文化外语教学大纲的特点

跨文化外语教学大纲的特点可以归纳为以下几点。

1. 文化与语言互为目的和手段，共同构成教学的基础内容

文化是语言存在和使用的环境，学习语言形式和语言使用中所蕴含的文化内容，使语言学习更加全面深入，真实生动。语言教学材料因为文化内容的全面渗透而被置于一个真实的、丰富多彩的文化环境之中，拉近了学习者与学习对象之间的距离，使学习个性化、自主化，有利于刺激学习者外语学习的积极性，促进外语交际能力的提高。从这个意义上来说，文化学习的目的是更好地学习语言，文化学习是语言学习的手段。这种观点得到了很多外语研究者和教师的认可，并在外语教学中广泛实施，然而在跨文化外语教学中，这只是一个方面。

语言是对文化的反映，语言学习必然是文化学习。语言学习的目的是习得目的语言，掌握一个新的交际工具，也是为了开阔眼界。学习者通过学习和使用目的语言，来学习和体验目的文化，并在此基础上接受跨文化培训，培养跨文化意识，获取跨文化交际能力。所以说，语言学习是文化学习的手段，而文化学习是语言学习的最终目的。

值得一提的是，母语和本族文化在这一教学过程中起着重要的作用。它们虽然不是教学的主要内容和目的，但是在培养语言意识和文化意识，进行文化对比时，母语和本族文化的作用不可轻视。而且，根据跨文化外语教学的标准，反思并更好地理解自己的民族文化和个人的文化参考框架也是教学目的之一，因此制订大纲时应该考虑这一点。

2. 文化教学与语言教学有机结合

这是对前一点的继续说明。处于同等重要地位的语言与文化内容会有机结合贯穿外语学习各个阶段（初级、中级和高级）、各个环节（外语教学计划、课堂教学和教学评估与测试等）和各门课程（听、说、读、写等）。虽然根据学习者的语言、文化和认知水平，在不同阶段语言和文化的学习会各有侧重，但是就外语教学整体来说，两者处于同等重要的地位。正因为两者天生不可分割的关系，它们在实际教学中也应该是你中有我，我中有你。当然，

语言与文化在外语教学中的有机结合并非易事。教学内容的膨胀和不熟悉的教学要求往往会使缺乏经验的教学设计者和教师难以兼顾，顾此失彼。这就要求大纲制订者、教材编写者和教师培训者等专家广泛合作，充分研究语言与文化在教学中结合的途径，将研究结果转换为实用的、操作性强的、系统化的大纲、教材和培训项目，给教师以足够的准备和实实在在的帮助。

跨文化外语教学的目标是通过小学、中学、大学，甚至持续到大学毕业后的外语教学和社会实践来实现的，这是一个连续的、一贯制的学习过程，在这个过程中有很多因素会对教学成果产生影响，其中各阶段教学目标的确定、课程设置、教学活动、教学方法、教学原则、教材、测试和教师等因素起着决定性的作用。

第二节 高校英语跨文化教学的原则与方法

一、跨文化外语教学的原则

一般来说，教师是教学的主要执行者，是教学的主体，韩愈所说的"传道、授业、解惑"就是对教师的主导作用的精辟描述。但是在跨文化英语教学中，教师的主体作用得到了不同阐释，学习者的中心地位凸显出来，英语教学也因此呈现出不同的特点。这些特点集中表现于以下四条教学原则。

（一）以学习者为中心，以引导学习者进行自主学习为主要教学模式

学习者是教学过程的真正主体，教师的教学、教材的编写和教学方法的设计和选择都必须围绕学生的实际需要进行。在跨文化英语教学中，不仅学习者的英语语言学习需要受到应有的重视，在整个教学过程中，他们对母语和本族文化的体验和理解、对目的文化和其他文化的态度、个人综合素质的提高，包括立体思维方式的形成和跨文化交际能力的培养，甚至对整个人生的态度等很多与学习者的过去、现在和未来密切相关的主题都是教学设计和教学活动的考虑因素。就教师而言，引导学习者进行自主学习是其主要任务，虽然知识的传授和规则的讲解仍然必不可少，但是教学的中心应该转向学习者自主学习能力的培养，这一点对于跨文化英语教学来说非常重要。原因之一是当今世界信息爆炸，知识不断更新，培养终身学习的思想，掌握独立学习的方法成为教育界普遍关注的一个趋势。另一个原因是跨文化英语教学的目标和内容相对于传统的外语教学而言扩大了无数倍，而教学时间基本不变，不可能有大幅度的增加，因此学习者在校期间有很多教学内容无法接触和学习，教师只有通过"授之以渔"的方法，才能确保教学目标的最终实现。这也是为什么将学校后的英语和文化学习也纳入整个教学体系的原因。以学习者为中心、以学习为中心的思想在后面几条原则中也都有体现。

（二）语言教学与文化教学有机结合

语言和文化在跨文化教学中互为目的和手段。英语发展成为国际通用语的动因之一是跨文化交际日益频繁，来自世界各地、各民族、各文化群体的人们需要这一通用语作为沟通和交流的媒介，因此英语学习的目的之一就是进行有效的跨文化交际，而且由于英语语言学习本身涉及文化的学习，所以我们完全有理由说，英语语言的学习是文化学习的手段，文化学习和跨文化交际是英语学习的目的。反过来，文化学习为英语语言学习提供丰富多彩、真实鲜活的素材和环境，大量文化材料引入英语教材和课堂，不仅使英语学习兴趣盎然，而且是英语交际能力培养的重要保证。总之，跨文化英语教学包含语言教学和文化教学两个相辅相成、不可分割的方面。

所以，在教学设计和课堂教学中语言教学和文化教学必须有机结合。这种结合体现在外语教学的各个阶段、各个环节。虽然根据学习者的认知水平和学习需要，在不同阶段和不同课程中语言和文化各有侧重，但是在跨文化英语教学中没有单纯的语言课或文化课，只要具有这种意识，总能找到两者的结合点。

（三）从实用主题过渡到间接、抽象的意识形态领域

不同年龄层次的学习者在认知水平、情感发展和经历、经验上都有很大的差别，这些差别必然导致教学内容和教学方法的不同。一般情况下，对于年龄较小的学习者来说，与他们的生活和学习息息相关的、具有可比性的、

具体的、直观的教学材料较为合适。随着学习者认知水平的发展，心理承受能力的增强和人生体验的增加，语言和文化教学内容的深度和广度逐渐扩大到一些间接的、复杂的、需要进行抽象思维的意识形态领域。就文化教学而言，这种相关性和适合性的原则更至关重要。跨文化交际能力的培养是一个漫长而复杂的过程，在这个过程中，由于学习者对母语和本族文化理解和体验是学习过程中不可缺少的一部分，学习者在学习外国文化的同时，一直处于一种自我认识、自我反省、自我批评、自我完善的状态之中，任何与他们的经历和认知能力相距甚远的教学内容和方法都将背离以"自我"与"他人"比较对照的文化学习原则。

（四）平衡教学内容和教学过程的挑战

任何教学活动都涉及教学内容和教学过程两个方面。为了取得最大的教学效果，内容的安排和过程（即教学活动）的设计必须考虑对学习者的挑战和支持程度。理想的教学应该是挑战和支持得到很好的协调，如果内容复杂，难度较高，那么教学活动或过程就应该相应降低难度，给学习者较多的支持；相反，如果内容简单、难度较低，教学活动就应该具有较高的挑战性。只有这样，才能保证学习者从教学中得到最大的收益。否则，复杂的教学内容如果被置于挑战性很强的教学活动中进行学习，学习者就会有很强的恐惧心理和挫折感，不利于调动他们的学习积极性；相反，如果内容简单，教学活动又缺乏挑战性，那么学习者的学习潜力不能得以发挥，甚至他们也会觉得乏味，学不到东西。

处理好教学内容与过程，挑战与支持之间的辩证关系是跨文化培训的一个重要理论和原则，它对于跨文化英语教学来说同样适用。

二、跨文化外语教学的常用方法

近年来，随着跨文化培训和外语教学的蓬勃发展，文化教学方法和语言与文化结合教学的方法层出不穷，首先介绍几种常用的文化教学方法，然后对如何在实际教学中将文化教学与语言教学有机结合进行探讨。

（一）文化教学的常用方法

文化教学方法大都是由跨文化培训专家通过实践，结合社会学、文化学、教育学和心理学的相关理论研究开发出来的。目前，广泛使用的方法归纳起来有以下几种。

文化讲座：讲座作为传授知识的一种有效手段，对于文化教学来说也是必不可少的。跨文化交际能力的培养需要学习者了解和掌握相关文化知识，如文化的本质特点和功能，文化包含的内容和范畴，不同文化的价值观念和习俗规范等，都可以通过讲座的形式传授给学习者，不同文化主题构成一系列的文化知识讲座，有利于学习者进行系统文化知识的学习。但是，文化讲座提供给学习者的大都是间接的经验，而且大量冗长的讲座往往会使学习者感到厌倦，所以我们在设计讲座时应该力求简明扼要、生动有趣，而且还要辅之以其他方法来强化讲授内容。

关键事件：通过分析实际跨文化交际中发生的、具有典型代表意义的失败案例来说明跨文化交际中误解产生的原因，帮助学习者了解两种不同文化在某个方面的不同期望和表现。具体做法是，首先对来自不同文化背景的交际双方之间所产生的误解及情景进行描述，然后给出几种解释误解产生原因的选择，让学习者根据自己的理解进行选择，如果一次选错，就请他们再选，直至选对为止。由于这些案例通常来自真实的交际，对学习者来说非常有趣，而且因为这些案例具有代表性和启发意义，能够刺激学习者在阅读案例和选择答案时进行思考，有利于跨文化敏感性的培养。

模拟游戏：这是一种亲身体验式的活动，旨在挑战假想，扩大视野，促进能力的提高，学习者通过模拟游戏可以感受一些自己尚未经历过的情景，从中获取认识和经验，这对于文化学习者来说至关重要。

以上各种方法虽然以跨文化能力培养为主要目的，但是经过变通和再设计也可以与外语教学有机结合，成为跨文化外语教学的方法。

（二）文化教学与语言教学有机结合的方法

除了以上文化教学的各种方法之外，我们还可以在促进教师和学生改变教学观念的基础上，通过对传统外语教学方法和手段进行改革，开发出一些将文化教学与英语语言教学有机结合的方法。

1. 通过对文学作品分析进行文化教学

文学作品分析是语言教学的一个常用手段，中国很多英语教学活动都是通过分析和欣赏文学作品来进行的。文学作品蕴含丰富的文化内容，语言形式和文化内容在此得到完美结合，因此在文学作品分析的过程中同时进行语言教学和文化教学不仅是可能的，而且也是必要的。实际上，传统的语言教学在分析文学作品时并没有避而不谈文化内容，只是教师没有将文化教学列入教学目标，文化内容的讲解服务于语言教学的需要，处于一个从属、次要的地位。要改变这一现状，我们必须在确定教学目的和目标时，考虑文化教学的需要，使文化教学内容和语言教学内容并列成为教学关注的对象，利用文学作品是语言和文化完美结合的优势进行跨文化外语教学。

2. 词汇教学与文化教学的结合

任何语言的词汇都承载着丰富的文化信息，每个词所包含的文化内涵是任何词典都无法穷尽的。如"早饭"一词在汉语、英语和法语中，不仅表达形式和发音不同，而且其文化所指也不尽相同。此外，不同语言中的词汇还反映说话者不同的价值观念。正因为词汇及词汇的使用具有浓厚的文化特点，我们在进行词汇教学时不能只停留在词汇的意思和用法上，还应该介绍词汇包含的文化内容，尤其要呈现词汇在真实文化语境中具体使用的情况。就目前的外语教学而言，词汇教学中文化教学的潜力没有得到充分挖掘，教师通常呈现给学生的是从词典下载的词义解释，很少将词汇所蕴含的文化意义介绍给学生。另一个问题是学习者在学习生词时通常处于被动接受的状态，这就导致他们所学的词汇成为一组僵化的符号，无法在真实的交际活动中加以运用。我们在对词汇的本义、比喻意义和文化内涵进行全面介绍的基础上，还应该将它们置于真实的文化语境中进行操练，让词汇知识转换成词汇使用能力。例如，我们教描写人物的形容词时，除了介绍词义之外，还可以选择一些来自本族文化或目的文化的、真实的历史或当代人物，用这些形容词来进行描述，也可以让学习者用这些形容词来描述自己。这样做，学习者既可以学会这些描写形容词的词义，也能了解它们的文化内涵，还有机会接触来自不同文化背景的历史人物故事。显然，这种词汇教学方法将词汇教学与文化教学有机结合，不仅使词汇学习生动有趣，而且将文化学习落到实处。语义场的使用也是词汇教学与文化教学有机结合的一种手段。

3. 阅读教学与文化教学的结合

说起文化教学，人们很自然会想到阅读教学，我们可以通过阅读材料将文化和语言有机地联系在一起。但是在实际教学中，很多教师不能有效利用阅读教学这一手段来进行文化教学，或是因为受到了以语言形式为中心的教学思想的影响，或是因为自身对于目标语言的文化就知之甚少，或是认为阅读材料中的文化只是题目中的背景，只要将相关的文化介绍一下，让学生能够理解文章进而答对题目就可以了。阅读教学致力于提高学生阅读速度和阅读理解能力的同时，关注的是语音、语法、词汇、句型和翻译等语言学习的内容，在很大程度上忽视了阅读篇章中蕴含的文化信息，即使谈到相关文化的某些内容，通常也不是以增强学生的文化能力为目的，而是帮助他们更好地理解篇章本身。总之，目前外语阅读教学并没有将文化教学列入自己的教学目标和内容，因此有关文化讨论也不是真正意义上的文化教学。

要真正实现阅读教学与文化教学的有机结合，必须在确定教学目标和教学内容时考虑文化教学的需要，在实际教学中可以通过设计读前和读后任务将学习者的注意力吸引到篇章内容上，进行相关文化的讨论和学习。例如，在阅读一篇关于美国饮食文化的英语文章前，我们可以提出一系列有关学习者本族文化中饮食习惯的问题，让他们进行读前热身，然后建议他们在阅读文章时注意美国饮食文化与自己的饮食习惯的异同，读完文章后，学生在回答有关美国饮食文化的相关问题的同时，进行文化对比。教师对语言点的解释可以插入到讨论中，也可以在这些文化教学活动结束之后，但不能让语言形式的学习压倒篇章内容的理解和文化内容的讨论。

4. 听说教学与文化教学的结合

阅读有利于学习者学习和了解相关文化知识，听说活动则使他们有机会切实感受跨文化交际过程，提高交际能力。无论听说，都必须以内容为基础，因此内容的选择和安排至关重要。我们首先要保证听说的材料和主题必须是真实的，具有代表性的，能够真实反映目的文化或本族文化的不同侧面。其次，在跨文化英语教学中，由于英语教学和文化教学同等重要，所以在编写听说教学时不仅要考虑学习者的语言水平和语言学习的需要，还应注意文化内容的系统性，即将语言教学的需要与文化教学的需要结合起来作为选择和安排教学材料和内容的依据，使学习者系统地学习文化知识，增强文化能力。当前的英语听说教学虽然比较重视材料的真实性，所选材料基本上都具备文化教学的价值，但是在文化内容的选择和组织上比较随意，缺乏系统性，这实际上也是整个外语教学不能最大限度发挥其文化教学功能的主要原因。

此外，跨文化英语听说教学应该充分利用多媒体教学手段，这不仅有利于提高学习者进行语言交际的积极性，更是跨文化交际能力培养的需要。日益发展的多媒体技术为在外语教学中进行文化教学开辟了新的道路，它可以将各种跨文化交际情景真实地呈现给学习者，让他们有一种身临其境的感受。图文并茂、音像俱全的听说材料使学习者的各种感官受到刺激，特别有利于从情感和行为层面上培养他们的跨文化交际能力。

语言与文化在教学中有机结合的方法不仅限于以上，随着跨文化英语教学思想的不断深入，相信更多更好的方法将会被开发和应用。然而，在此我们必须强调教师和学生转变教学观念的重要性，要真正做到语言教学和文化教学的有机结合，教师和学生必须认识到外语教学应该承担双重任务：既要促进学习者外语交际能力的提高，又要帮助他们培养人文素质，形成立体、多维的思维方式，成为跨文化的人。只有在这一前提下，我们才能确保跨文化外语教学思想得到有效贯彻和实施。

三、民族文化学的参与观察法在跨文化外语教学中的应用

民族文化学的研究方法俗称参与观察法，是文化人类学和社会学经常采用的研究方法，近年来在其他社会科学领域也得到了广泛的应用。简而言之，这是一种实地考察的方法，研究者与研究对象同吃同住，对他们进行参与性的观察，从"圈内人"的视角来分析、描述某一群体的社会和文化活动。随着跨文化交际研究和跨文化英语教学思想在美国和欧洲的兴起和发展，这种方法逐渐被应用于跨文化培训和外语教学，拓宽了跨文化外语教学的渠道，成为一种语言与文化学习和个人综合能力培养的有效方法。

（一）民族文化学参与观察法的特点

作为一种文化研究方法，参与观察法主要有这样一些特点：研究者既是参与者，又是观察者；与研究对象之间既亲密无间，又保持一定距离。正是这种特殊的身份使他们能够完成对目的文化各个层面或某些层面的研究，它是一种具体的、从实践到理论，而不是抽象的、从理论到实践的研究方法。研究者置身于目的文化群体之中，与人们进行广泛深入的交流，自然而然了解目的文化，得出关于目的文化的某些结论；它以具体文化为研究对象，属于具体文化研究，而不是文化普遍理论研究。

（二）民族文化学参与观察法对外语教学的作用

参与观察法被引入外语教学的直接动因和先决条件是文化作为外语教学有机组成部分的地位得到普遍认可，外语教学的目的既是提高外语语言能力，也是增强跨文化意识和跨文化交际能力，还是培养学习者独立学习和立体思维能力，提高综合素质。在这一前提下，以参与观察为主要形式的民族文化学的研究方法在外语教学中就展现出得天独厚的优势。

总之，跨文化英语教学与传统的英语教学在教学目标和教学内容上的不同决定了其教学原则和方法的不同。跨文化英语教学既关注外语教学的语言文学目标，又重视外语教学的社会人文目标，它在教学原则和方法上与传统外语教学最大的区别在于以下几点。

语言教学与文化教学有机结合，语言与文化互为目的和手段。英语语言的学习是文化学习的手段，文化学习和跨文化交际是英语学习的目的；文化学习为英语学习提供丰富多彩、真实鲜活的素材和环境，是英语交际能力培养的重要保证。语言教学与文化教学的结合贯穿外语教学的各个阶段、各个环节。

自主学习能力的培养和文化学习方法的探索是跨文化英语教学的重要内容。语言的学习和文化的学习都是一个终身学习的过程，学习者不可能永远依赖老师进行学习。跨文化交际能力的培养尤其需要学校教育与社会实践相结合，因为学习者离开学校进入社会后，有很多继续学习和亲身实践的机会，这些机会很好地弥补了学校实践教育的不足。只有在学校教育期间帮助学习者提高自主学习的能力，掌握文化学习的方法，他们才可能在离开学校后能够利用各种学习和实践机会，进一步提高自己的跨文化交际能力。

跨文化英语教学特别重视调动学习者的各种学习潜能和机制，充分利用各种教学手段多层次、多渠道地进行教学。跨文化交际能力的培养过程就是学习者的认知、情感和行为不断变化的过程，它需要学习者积极知识，转变态度，调整行为，发展技能。这种学习要求只有通过开发和应用多种教学手段才能得到满足，日益发展的多媒体网络技术为此开辟了新的途径。

跨文化英语教学重视学习者本族文化的作用，并将认识、反思和丰富本族文化作为教学目的之一。比较和对比是实现这一教学目的的主要方法，学习者在英语语言学习和文化学习过程中，不断地将本族文化现象与其他文化的相关现象进行比较和对比，形成对本族文化的再认识。

跨文化英语教学虽然采用说教式的知识传授法与体验探索式的教学方法并用的教学方法，但是后者的作用更加明显。民族文化学的参与观察的研究方法就是一种典型的体验探索式的学习方法，是跨文化英语教学的一个重要特色。

第三节　跨文化传播与英语教学

教育也属于传播学的研究领域。教育传播的定义：一种以培养和训练人为目的的信息传播活动。也就是说，教育是一种有目的、有意识地对人进行的信息传播活动。因此，英语教学与跨文化传播密不可分。接触和了解英语国家的文化有益于对英语的理解和使用，有益于加深对本国文化的理解与认识，有益于培养世界意识。我们在多年的教学活动中，已经逐步认识到了跨文化传播教学的重要性，也总结出了一系列行之有效的教学方法。

一、进行跨文化传播教学的原因及目的

随着社会科技和经济的发展，教育逐步走向国际化，国家间的教育交流与合作日益频繁。世界各国相互交流、相互竞争，共同促进国际教育的发展。

国家的发展主要依靠教育，各国综合国力的竞争和发展主要依靠国际型人才，国际型人才的培养和竞争成为教育国际化的核心。培养高素质、具有创新精神和创新实力的人才成为我国教育的重心和目标。

在我国传统的学校教育中，教师是权威的掌控者，把知识灌输给学生，学生是被动的接受者，学习缺乏积极性和主动性。文化差异是跨文化交流的障碍，克服文化差异造成的交流障碍已经成为整个世界共同面临的问题。一个企业若想让自己的产品打入国际市场，一个跨国公司若想在众多国家和地区创造高效益，不仅需要高超的经济和技术手段，而且需要深入了解对象国的文化。现代社会中一个企业的成功不仅是经济的成功，而且是跨文化交流的成功。

目前我们国家学生以英语为普及外语。在过去的英语教学中，我们把训练学生的听、说、读、写作为首要目标，极少考虑文化的内涵和使用环境。我们的中学英语教学长期以来固守一个模式，那就是片面强调语言能力，围绕书本讲语法、背句型，而不太注重语言环境的教学。这是学生在真正的跨文化交流中产生语用错误的症结所在。近年来，这种情况有所改变。许多外语教师认识到在语言使用时，除了结构规则，即语音、词汇和语法等起作用外，还有一种规则，即使用规则在起作用。

二、英语跨文化传播教学的理论基础

（一）认知建构主义学习理论

建构主义也称为结构主义，由瑞士学者让·皮亚杰最早提出。皮亚杰认为，智慧本质上是一种对环境的适应，智慧的适应是一种能动的适应。一定的刺激只有被主体同化于认知结构之中，主体才能做出反应。在皮亚杰的理论基础上发展而来的认知建构主义学习理论认为，知识不是通过教师传授得到的，而是通过学习者在一定的情境下借助其他的帮助，利用学习资源，通过意义建构的方式获得的，教师只是活动中的指导者与参与者。建构主义学习理论的基本观点包括以下三点：

1. 学习是一种意义的学习过程

知识的获得是学习个体与外部环境交互作用的结果。

2. 学习是一种协商活动的过程

由于每一个学习者都有自己的认知结构，对外部世界的理解局限于自己的经验解释，因而不同的学习者对知识的理解会不完全一样，从而导致了有的学习者在学习中所获得的信息与真实世界不相吻合。此时，只有通过社会"协商"和时间的磨合才有可能达成共识。

3. 学习是一种真实情境的体验

在真实世界的情境中会使学习变得更为有效。学习的目的不仅仅是要让学生懂得某些知识，而且要让学生能真正运用所学知识去解决现实世界中的问题。

学生对知识的建构是受社会性相互作用影响的。学生之间的相互交流会影响学生的知识构建。因为，由于每个人的已有经验和学习情境不同，对知识的理解会存在一定的差异。这就是说，学生对知识的理解是多元的，相互交流能促使每个学生从多个角度建构知识。在英语教学的过程中，教师进行跨文化的传播，学生可以通过对不同语言和文化的吸收来建构自己的知识体系、文化体系和价值体系，并通过对不同真实情境的模拟教学来掌握正确应用英语的能力。

（二）探究式学习理念

学生主动探究的学习活动，是一种学习的理念、策略和方法。它适用于各科的学习，并要求教师在教学过程中以问题为载体，创设分析问题和解决问题的情景和途径，让学生通过探究，主动获得知识并运用知识。在跨文化传播的英语教学中，探究式学习理念表现为学生获得他国文化信息并处理这种信息的能力，在探究中要学会如何应用所获得的信息来正确处理自己面临的问题，尽量消除跨文化交流中的文化障碍。

1. 在英语教学中激发学生学习兴趣，培养学生自主学习能力

激发学生学好英语的浓厚兴趣，培养学生自主学习能力，是使学生进行主动探究式学习的前提条件和主要手段，是提高英语教学质量的有效途径。

兴趣是最好的老师，随着现代教学技术的普及，多媒体的使用给学生提供了听觉、视觉的新感受。这为学生创造一个轻松有趣的学习环境、培养学生的兴趣有着特殊的作用，能让学生在愉快轻松的气氛中掌握语言知识和语言技能，培养学生轻松愉悦感，能引发学习兴趣。

2. 在英语教学中培养学生反思性学习能力

反思性学习是以学生为本，以教学的具体内容为对象，以激发学生主动思考、积极研读和努力实践为目标，以理解掌握和升华应用知识为内容的研究性探索活动，具有主体性、探索性、灵活性、创新性和开放性等特征。反思性学习的出发点在于优化学生的英语学习方式，通过思考和探究进行分析归纳和处理知识信息等活动来使学生学会合作、学会学习，最终实现提高学习效率、提升思维意识、提高分析能力、形成综合创新能力的目的。

3. 在英语教学中培养学生创新性学习能力

探究式教学特别重视学生智力的开发和创新性思维的培养，力图通过学生的自我探究引导他们掌握科学的学习方法，为其终身学习奠定坚实的基础。培养学生创造性学习能力的重要任务是开发学生的潜能。教师不能独占整个教学活动时间，要结合学科教材内容的特点和学生已有知识储备和能力水平有效开展形式多样的课堂教学活动，对学生进行有效的思维方式训练。

（三）人本主义理论

人本主义教学观是在人本主义学习观的基础上形成并发展起来的，现代教育理论主要从心理学的角度来探讨外语教学，认为教育的真正意义在于发现人的价值，发挥人的潜力，发展人的个性。人本主义教学理论就突出了这一概念。人本教学法的核心是对学习过程中的完整的人的充分尊重与重视。由此，真正的学习涉及整个人，而不仅仅是为学习者提供事实。

人本教学法着重于教学过程（teaching process）。人本教学法认为，关注过程就要从学习者的角度考虑课程或大纲内容是如何被传授和学习的，考虑怎样把学习内容与学习者的生活联系起来，大力倡导教育的中心要从"教"转变为"学"。教师的任务不是决定学生应该学什么，而是去发现并创造一种有利于学生能自主学习和成长的氛围。人本教学法主张以学习者为中心，注重情感因素。

三、高校英语的认知建构主义理论

传统的课堂教育沉闷无趣，使学生没有学习兴趣，缺乏创新能力，无法适应社会的要求。因而传统的教育显然已不适应教育国际化的要求，无法为国家输送优秀的国际型人才。因此我们需要一种新型的教育理论和教育方式来替代。从 20 世纪 90 年代开始，一种新型的理论"建构主义理论"开始逐步替代我国传统的教育理论。建构主义是认知学习理论的一个重要分支，是认知学习理论的再发展，从认识论的高度揭示了认识的建构性原则，强调了认识的能动性。建构主义理论在国际教育领域的理论和实践中起着举足轻重的作用，它是新一轮课程改革的现代教育理论依据之一，是对传统教育理论的挑战。建构主义认为知识不是教师传授而得，而是学生主动构建而获得，提倡以学生为中心，教师只是组织者和帮助者。

建构主义的知识观、学习观和师生观对教育理念具有重要的指导作用和实践意义，引发了教育工作者的不断思考和探索。笔者作为一名一线英语教师，对高校的英语教育现状有很清楚的认识，深知英语教育的重要性和实践性，也在不断探索适应当今社会更好的教育模式。

（一）高校英语教学的建构主义思考

1. 问题的提出

社会的发展、国际化的加剧以及中国在国际的"中心化"使英语逐步成为人们交际的首选语言，英语的重要性已经不言而喻。教育国际化需要学习英语，走向世界也需要英语的帮助。英语的应用越来越广泛，英语学习竞争不断加剧，英语学习要求越来越高。现代英语教学面向的是全体学生，要全面提高学生的整体素质，培养适应时代和社会发展的英语人才。近二十年来我国制定了全国统一的教学大纲和一系列有利于英语教学的外语教育政策，近几年更是不断改编英语教材，更新配套的参考书和习题集等。然而在面临具体教育实践时却有许多问题和困惑，教师的教和学生的学经常发生矛盾和冲突，英语教学迫切需要更切实有效的方法和手段。

2. 研究的现状

在过去的三四十年中,人们有个普遍的共识,那就是教育出了一些问题。因为走出校门的学生不会读书、写作;在工作中无法有效地运用数字操作,甚至有的缺乏科学的世界观。众所周知,在传统的教育中,强调刺激—反应,把学习者作为知识灌输对象,强迫学习者接受外部刺激做出被动反应。

随着教育国际化的发展,英语学习在我国得到极大的重视和发展。教育部规定从初一开设以英语为主要语种的外语课,但实际是现在开设英语课的时间越来越早,甚至从小学一年级起就开设英语课,几乎与汉语拼音同步开始学习。这种课程设置是否对学生的语言学习有利,学生在母语都还没学会的情况下对英语的理解和掌握究竟有多少,我们不得而知,但我国目前的基础外语教学中确实存在很多问题:在教学目标上只注重知识的讲授而忽视实际能力的培养;在教学过程中学生的主体地位得不到体现,学生学习英语主要是为了应付考试;在教学方法上被动多于主动,灌输多于启发,不利于学生学习兴趣的培养和学习积极性的调动。

(二)高校英语的认知建构主义教学理论概述

1. 建构主义的知识观

知识的建构就是人在一定的情境之下,面临新事物、新现象、新问题、新信息时会根据情境中的线索,调动头脑中事先准备好的多方面、多层次的经验来解释这些新信息,解答这些新问题,赋予它们意义。传统的客观主义知识观认为,知识是客观世界的本质反映,是对客观事物的准确表征。知识只有在正确反映外部世界的情况下才被认为是正确的,客观知识就是真理。大多数建构主义对知识的客观性和确定性提出了疑问,认为知识不是对现实的准确表征,它只是一种解释、一种假设,并无最终答案。另外,建构主义者认为,知识不可能以实体的形式存在于具体个体之外,甚至这些命题还得到了较为普遍的认可,但这并不意味着学习者会对这些命题有同样的理解,因为这些理解只能由基于个人的经验背景而建构起来,它取决于特定情境下的学习历程。在具体的问题解决中,学习者需要针对具体问题的情境对原有知识进行再加工和再创造。建构主义的这种知识观尽管有些激进,但它向传统的教学和课程理论提出了巨大挑战。在建构主义看来，课本知识只是一种关于某种现象的较为可静的解释或假设，并不是解释现实世界的"绝对参照"。在学习过程中，学生不仅理解新知识，而且对新知识进行分析、检验和批判。

英语教学是语言知识的传授和学习。建构主义英语教学观批判教师灌输、学生被动接受的教学方式，也反对乔姆斯基先天语言习得机制在语言教学中的根本性作用。建构主义知识观认为，语言学习是环境交互作用、学习者主动建构知识的过程。它提倡以学生为中心，教师作为组织者和引导者能善于运用情境教学、问题教学、协作教学等各种教学手段和方式来帮助学生更有效、更灵活地学习英语知识。建构主义知识观主要阐述了知识的主动性、情境性和群体性。

（1）知识的主动性，即认为知识是对客观特质世界的假设和推测。在英语教学中，对知识意义的把握应以研究的方式来学习，建立在自己的经验之上。

（2）情境性，即强调真实情境下的学习。英语学习尤其强调学生的亲身体会和实践，讲究课堂活动及实际运用。

（3）群体性，即认为学习是一个社会互动过程。英语语言学习作为用于交流、具有很强实践性的语言性科目，讲究在自然环境中同伴间互动、合作完成。建构主义知识观在英语教学中得到很好的体现和运用。

2. 建构主义的学习观

（1）学习是认知结构的改变过程。建构主义认为，个体的学习是双向建构的过程，学习过程不是简单的知识信息输入、存储和提取，而是新旧经验或经验之间的相互作用过程。这主要涉及同化和顺应两种机制，学生要提取与新知识一致的旧知识来同化新知识，而且要关注到新旧知识之间的冲突，并设法调整解决这些冲突，有时需要改变原有的错误观念。

（2）学习是个体主动建构自己知识的过程。不同倾向的建构主义者对学习的关注有所不同，有的关心个体与物理环境的交互作用，有的关心个体与社会环境的相互作用，但他们都把学习看成是意义建构的过程，都用新旧知识经验的相互作用来解释知识建构的机制。

四、情境、协作、会话、意义建构是学习环境设计的四大要素

建构主义认为,知识不是通过教师传授得到的,而是学习者在一定的情境即社会文化背景下,借助学习获取知识的过程及其他人(包括教师和学习伙伴)的帮助,利用必要的学习资料,通过意义建构的方式而获得的。

"情境":学习环境中的情境必须有利于学生对所学内容的意义建构。这就对教学设计提出了新的要求,也就是说,在建构主义学习环境下,教学设计不仅要考虑教学目标分析,还要考虑有利于学生建构意义的情境的创设问题,并把情境创设看作是教学设计的最重要内容之一。

"协作":协作发生在学习过程的始终。协作对学习资料的搜集与分析、假设的提出与验证、学习成果的评价直至意义的最终建构均有重要作用。

"会话":会话是协作过程中的不可缺少环节。学习小组成员之间必须通过会话商讨如何完成规定的学习任务的计划。

"意义建构"这是整个学习过程的最终目标。所要建构的意义是指事物的性质、规律以及事物之间的内在联系。

英语教学比较好地体现了建构主义学习观,尤其是随着技术的发展,多媒体在英语课堂中的广泛使用创设了有利于学生建构知识的英语语言环境。课堂教学中通过多媒体可以多层次、多维度地展现教学内容,让学生学、练结合。英语教学应注重培养学生的语言运用能力及掌握语言学习方法,多媒体辅助教学恰好提供了帮助学生多途径、多方法地构建新知识的语言教学环境。其创设的情境使学生在真实的环境中进行言语交际,更好地学习和使用其所学的语言,从而能在很大程度上激发学生的学习兴趣和动机,使学生建立学习英语的自信心、主人翁感,主动地进行英语知识意义的获得和建构。

1. 情境:语言学习的必需

(1)情境的教学效应。建构主义的学习观为我们提出了如何培养"每一个学习者的学习"的课题,亦即寻求这样的"学习"基于体验与活动的、关注学习者内在兴趣爱好的学习,以及关注以学习者的整体的成长与发展为轴心的每一个学习者的学习。这种发展学习者经验的新学习观所要求的"学习"具有如下特征:通过体验与活动的学习,不仅是头脑认知的操作,而且

身体与情感也融为一体；学习者的成长、自我形成不应当视为单纯的学习者自身的内在成长，而且是同自然和他者的沟通与社会参与过程中的"交互作用关系""情境"和"场景"对于学习具有重大意义。

在中学英语教学中，要提高学生的英语学习，必须激发学生的学习兴趣，把被动的知识学习变为一种需要，让学生自然接受，主动学习。"学生应该建构自己的知识"，这是近来很多教育机构的号召。我们可以创设语言学习情境来帮助学生更有效地建构自己的知识。

我们需要快乐教学。所谓快乐教学，就是通过师生、生生之间情感、言语交流，激发师生教与学的热情，使学生在愉快的气氛中不知不觉地学到知识，自然而然地应用它。在情境中进行语言教学可帮助学生掌握并及时运用所学习的语言知识，使他们有切身的体会，从而达到理想的教学效果。网络上有很多学习英语的小游戏，它们之所以吸引人，就是因为人们能在游戏中自然轻松地掌握新知识，并能边学边用，学起来没有负担。"让学生在生动具体的情境中学习英语"是英语新课标倡导的教学理念。在游戏这个活动场景中，由一条主线引导学生逐步学习并掌握，好奇、挑战的心理及成功后的喜悦盖过了犯错的烦恼，学生就不觉得记忆字母是辛苦而又枯燥的了。游戏其实也创设了一种具体情境，把字母和单词放在具体情境中运用，学生感受到了学习的快乐，而不仅仅是为了掌握某个知识才学习。在课堂中适当地引入这种游戏教学模式，可以激发学生的学习兴趣，并且可以通过所创设的语言学习情境，帮助学生更好地构建新知识。

语言脱离了情境就难以表达意义。所以，学生只有把所学运用到表述意义的情境中去，才能使语义更加明确。好奇是人的天性，兴趣是最好的老师。兴趣是学习的动力，学生有兴趣学习才能提高外语教学质量，英语课堂才能实现快乐教学。教师要以自己自然、形象地表演，靠身体语言，包括多变的手势、丰富的表情、抑扬顿挫的语调去设计语言环境，使学生身临其境，能在欢乐的气氛中获取知识并积极参与语言实践活动，使教与学都能和谐地达到预期效果。由于学生知识面比较狭窄，生活经验贫乏，所以在教学中要从感性认识开始，使教学内容具体化、形象化。因此我们必须充分运用实物、图片、幻灯片、录音等多媒体教学手段来创设和渲染情境气氛，让学生的各个感官都动起来，自然而然地去看、去听、去说、去感觉，达到运用语言的目的。

（2）情境的类型。建构情境就其广义来理解，是指作用于学习主体，产生一定的情感反应的客观环境；从狭义来认识，则指在课堂教学环境中，作用于学生而引起积极学习情感反应的教学过程。创设情境可分为以下几类。

①直观情境。直观情境即教师通过创造性劳动，把教学内容变为具体、可感的东西，体现教学的直观性原则，提高教学效率。这是理论联系实际的一种方法。直观情境可以是"实物直观"，就是运用实际事物或其模拟形象来进行，包括实物、图片、简笔画等。如在教学运动类的词汇和句型时，小一点的物品，如乒乓球、羽毛球等可以带实物进课堂，而大一点的物品，如篮球、排球、足球或其他运动项目等可以用图片或在黑板上用简笔画来表示。

直观情境还可以是"言语直观"，就是教师运用言语的声调、节奏、情感等多种因素，绘声绘色地勾画场景，引导学生增加对课文的感知和理解，或通过录音机、电视机等把课文场景呈现出来，让学生能直观感受课文中人物的语气、语调，融入角色之中，加深对课文的理解。

言语直观给予学生强烈的心灵刺激，让学生自然投入，有身临其境的感受，从而成为学习的主体，有兴趣主动去学习、去了解，而不是被动地去接受和理解。言语直观在一定程度上是教师讲学生听，因此在用言语描绘情境时应要注意言简意赅，迅速把学生带入情境之中，过多的废话只会分散学生的注意力，同时教师需要有一定的幽默细胞，灵活处理课堂突发现象。既要吸引学生的注意力，又不能打击部分易走神学生的积极性。枯燥乏味的言语只会让学生觉得厌烦，无法投入，因而达不到理想的教学效果。

②问题情境。问题情境是指教师有目的、有意识地创设的各种情境，以促使学生去质疑问难、探索求解，即在教材内容和学生求知心理之间制造一种"不协调"，把学生引入一种与问题有关的情境的过程。这个过程也就是"不协调—探究—深思—发现—解决问题"的过程。

创设问题情境是培养学生解决问题能力的重要方法和有力手段，因此在英语教学过程中，教师应该根据不同的教学内容，创设不同的问题情境，来达到培养学生解决问题能力的目标。

俗话说，好的开头是成功的一半。在上课伊始就能吸引学生的注意力和兴趣，使他们产生强烈的好奇心和求知欲，教学往往会达到事半功倍的效果，所以课堂引入是相当关键的。学生在上课伊始往往还没有从课间休息的兴奋中进入上课状态，如何在最短时间内吸引学生的注意力，尽快调整学生的心态是十分重要的。我们习惯在上课前提一些问题，这些问题大多是前次课学过的旧知识，一来可以检测学生回家是否复习了，二来不会让学生觉得难度大，不至于在一开始上课就听得一头雾水，失去听课兴趣。孔子说："温故而知新。"学生只有掌握好了旧知识，才会更有兴趣学习新知识。

值得一提的是，创设问题情境前教师应当深思熟虑，而且随着课堂的推进，学生会不时产生新的想法或新角度的提问，需要教师有较强的应变能力，善于顺着学生的思维引导学生，更好地达到或超出预期的教学效果。首先向学生展示各个不同时间的各种活动或动作，向学生提问，会运用到一般现在时、一般过去时、现在进行时、一般将来时等，学生可能会有各种各样的错误回答，就先让学生之间互相指出错误之处，然后再给学生提示，引导学生回答出正确答案。学生可能会用不同的方法来表达同一个意思，教师都表示支持和肯定。接着归纳出各种时态中比较常见的时间状语，让学生用这些时间状语造句，然后请学生自己归纳一些时态的一般规律，教师再做补充。最后请学生自己设计不同的时间或场景，由学生造句、翻译或编对话，互相讨论、交流，并把内容写下来，做一些修正，然后交给教师批改。

这个过程比较费时间，也会耗费很多精力来设计习题，但是这种以问题情境为主所创设的学习环境可以很好地激发学生的兴趣。因为所提问题和通过多媒体所创设的情境都与平常生活学习息息相关，学生比较容易理解，就不会觉得时态那么晦涩难懂又无趣了。通过这种方式复习时态，学生印象深刻，取得了很好的教学效果。

问题情境的创设给学生提供了有利条件，使学生在自然交流的环境下掌握相应的知识。应当注意的是，英语教学的主要目的是让学生学会运用英语，所以应该容忍交谈中可能犯的一些小错误，重要的是学生能自觉运用英语来思维、交流，要鼓励学生多说、多用。因此教师没必要时刻提醒并纠正学生犯的错误，这样会打击学生说英语的兴趣和自信心，只要大家能听得懂，能明白，就达到了交流和运用英语的目的。学生在日常交流中会自然知道并改正自己的错误，因此运用英语交流的关键是要让学生学会自主思维。

③故事情境。故事情境是指教师有目的地引入或创设具有一定情绪色彩的、以形象为主体的生动具体的故事场景，引导学生进入故事情节，扮演其

中的角色，进行探究和思索，引发学生积极思考，从而帮助学生理解教材，达到自主学习的教学目的。

情境的创设能始终抓住学生的注意力，还可以对以前的经历和知识经验更有体会和感触，是语言知识在实际生活中的运用。因而学生自始至终积极性高涨，情绪饱满，句型掌握得很好，运用自如。

心理学家布鲁纳说过："学习的最好刺激是对所学材料的兴趣。"创设故事情境的目的正是激起学生的学习兴趣，所以故事情境的创设必须要贴近学生的生活和兴趣。教师必须要根据不同的年龄段来创设，否则会起反作用，直接影响后面课堂内容的讲授。

④活动情境。活动情境是指教师通过开展各种活动引导学生主动思维、交流，灵活运用所学知识，开拓学生思路，改善课堂氛围，培养学生协作学习能力，以充分调动学生的学习主动性。这些活动包括有游戏、对话、短剧、英文歌曲、配音、演讲、写作等。活动情境既是一种竞争，也是一种合作，合作与竞争相辅相成。这样才能发挥学生学习的积极性，同时促进学生之间相互团结、分工合作，增强集体荣誉感，充分发挥学生的主体作用。

建构主义认为，学习总是与一定的社会文化背景（即情境）相联系的，不同的情境能够给各种特殊的学习者不同的活动效果。也就是说，学习者实现意义建构置于一种由对社会生活和自然环境进行提炼而得到的典型的情境之中，它的核心在于激发学生的情感和学习兴趣。所以，它突破了传统教学方法的弊端，在教学实践中取得了良好的效果。根据中学英语教学的实践，情境创设可归纳为语言描绘情境、内容丰富情境、情感渲染情境和多媒体虚拟情境。

2. 协作：语言教学的有效方法

（1）英语教学中的协作。协作学习是一种以学生为中心，以小组为形式，为了共同的学习目标共同学习、互相促进、共同提高的一种学习方式和教学策略，它在强调完成学习任务的同时，需要培养小组成员个人的协作能力。在协作学习过程中，教师起着督导的作用，协作小组则以相互合作共事的态度共享信息与资源，共同担负学习任务，而学习者在其中既有一定的相对独立性，又和其他组员相互协作，以便完成学习任务。这种协作活动有利于发展学生个体的思维能力，增强学生个体之间的沟通能力，以及对学生个体之间差异的包容能力。建构主义认为，学习不是学习者被动地接受知识的过程，而是积极建构知识的过程。

英语教学中的协作包含三个方面："倾听"，即无条件、全身心地倾听对方的意见和感受；"交谈"，即让所有的人都能够畅所欲言，表达自己的心声；"沟通"，即真正理解各方的立场和看法，在对话中形成共识的行动方案。英语教学中的协作是发展学生自主性的需要，是提高学生英语整体素质的需要，也是发展学生思维、情感的需要。人的自主性是在活动中得到表现的，是个人对于自己活动的支配和控制的权利和能力。在英语教学中采用协作学习为学生的自主性发展提供了适宜的发展空间。心理学研究表明，人的素质主要是在活动中形成的，活动结构决定人的素质结构，而人的素质水平则取决于个体参与活动的主体能动性。因此，要发展学生的英语整体素质，就必须建立一个较为完整的教学活动体系。在这个教学体系中，协作学习可以让学生参与各种类型的交往活动，融合到群体中，通过各种途径与协作伙伴用英语进行交流，满足他们与同龄人交往的需要，也是在这种活动和交往中，学生有更多的机会进行语言的操练。恰当运用协作教学模式教学才能使学生被吸引，使他们"乐于学—学得好—更乐于学"，形成协作学习的良性循环。皮亚杰指出，协作学习在认知发展建构中是一种主要的方式。英语教学中的协作教学模式是按学生的知识结构、能力水平、学习进度、个性特点等混合分成若干小组，通过同伴教学、游戏竞赛、小组辅助个体和共同学习等方式完成学习任务、解决实际问题，达到共同提高的目的。在协作学习环境中，教师和学生面对的是相同的学习环境。对教师而言，其主要任务是引导学生进行学习，解答学生提出的问题，引导学生保持正确的学习方向；对学生而言，要由传统的信息接收者转变为信息的生产者和传递者，要紧紧地围绕课堂话题进行语言活动。教师要帮助学生建立起协作学习小组，比如以小班形式进行教学，所以在排座位时就会有意识地安排好，方便学生进行小组协作活动。也可以根据课堂内容的不同适时调整座位，摆成有利于小组或集体讨论交流的"组团式"或"圆桌式"。在协作学习中要有一定的评价机制，主要以集体奖励为主，以鼓励小组之间的良性竞争。

总之，协作学习在帮助提高学生的听力水平和口语会话水平、锻炼学生阅读理解能力和写作能力方面起着重要作用。教师在协作教学中既是学生学习活动的参与者，又要充当学习活动的组织者、引导者和评价者。

（2）协作模式的设计。协作学习模式是指采用协作学习组织形式促进学生对知识的理解与掌握的过程，通常由四个基本要素组成，即协作小组、成员、辅导教师和协作学习环境。

在英语教学中，教师可以在课后布置学生进行电影配音表演，以这种协作学习模式来帮助学生巩固所学知识，培养和锻炼学生的综合能力。要想配音做得好还需要反复商讨、练习、磨合，才能做出自己最满意的效果。在这些过程中，不但可以训练学生的协作学习能力，而且能帮助学生练习地道的英语，并把课堂中所学到的知识很好地发挥出来。一旦熟练后便会记忆深刻，在今后能自然而然地表达出来。在这整个过程中，学生是完全的学习主体，能主动学习，学习兴趣高涨，知识与实践的结合加深了学生的印象，达到了很好的学习效果。

（3）协作过程与协作策略的设计。英语教学中协作过程与协作策略的设计主要包括有提出探究性问题、教师和学生的主要活动、协作解决问题的方法、讨论和判断、总结评价等方面。在协作学习中，主要由教师提出问题，组织并引导学生在个人自主学习的基础上开展小组讨论、协商，以进一步完善和深化对主题的意义建构。英语协作模式教学为学生的"意义建构"创设了必要的情境，又为"协作"与"会话"提供了充分的条件。

3. 会话：语言学习的本征

（1）会话是语言发展之源。语言的社会功能决定了语言研究必须要考虑社会因素对语言的影响。人只有把语言置于动态的社会之中才能揭示语言的动态本质。语言因为人们交际而出现、存在并发展。美国语言哲学家格赖斯提出的合作原则中指出，在所有的语言交际活动中为了达到特定的目标，说话人和听话人之间存在着一种默契，即每一个交谈参与者在整个交谈过程中所说的话应符合这一次交谈的目标或方向。该理论探讨在具体的语言环境下分析语言，接受话语的言外之意。

会话是语言发展的根本，是言语交际的关键。言语交际行为一个很重要的方面就是交际的过程总是和交际意图分不开的。如果会话达不到交流的目的，总是答非所问，或不能理解话语的言外之意，是难以与人沟通、相互理解的。会话双方只有在某种程度上达成一个共同目标，才能继续交流，才是有意义的会话。

在英语教学中应该引导学生去领会会话中的意思，且不仅仅理解字面意思，这样才有利于学生在理解中学习、掌握新知识。

掌握了这些会话原则对语言学习是很有帮助的，可以帮助学生明白字里行间的深层意思，而不仅仅是停留在单词和句子的表面。就像泰勒所说的，"知道每个单词和句子的意思，却无法理解他们的含义是什么"。要理解和把握会话的意思，就需要在自然环境不断练习、磨合，从而达到有效交流，形成有意义的会话。

（2）会话是语言学习的起点。心理语言学认为，学习语言的能力是人类的生物特征之一，是人类大脑的特有机制。建构主义为语言会话提供了重要的传输方式，这并不是说建构主义是一个新的观点，而是随着我们必须要处理的信息量的日益增多以及随着技术的发展所提供的新机遇的不断增加，促使我们重新审视建构主义。语言学习是有相通点的，就像没有一个孩子是从先学汉语拼音才学说话一样，我们学习英语也应该首先是从会话开始。从最开始的观望者到后来的参与者，不仅是会话能力的锻炼，更是勇气和信心的培养和锻炼。

（3）会话是语言学习的目的。语言学习的最终目的是运用，语言的运用主要体现在口语表达的交际，学习语言如果不经常运用会很快遗忘。

（4）会话是语言实践的基本方式。任何一种能力的培养和学习都是需要兴趣来支撑的，以汉语为母语的我们在说汉语时几乎不用多加思考就可以脱口而出进行交流，表达自己的意思。我们在牙牙学语的时候不会觉得很累，自然而然就会想说、想模仿，而语言能力就是通过会话逐渐形成并加强的。我们从幼儿开始学习会话，一辈子都在口语交际中，口语的丰富、深刻、敏锐、美妙，必须建立在开启个人生活体验的基石之上。我们生活在社会这个群体中，要想与人自如交流，会话是基本方式，也只有通过会话才能更好地表达自己的意思，使自己更顺利、更快、更好地融入这个大集体中。英语会话能力的培养即是英语口语能力的锻炼，口语能力是语言学习的重要组成部分，恰当地运用英语表达是传递信息和交流信息的重要途径。帮助学生根据话题进行情景会话，用英语表演短剧，在口语活动中语音、语调自然、语气恰当是会话能力锻炼的重点，也是语言实践活动的关键。

会话是语言实践的基本方式，英语口语和会话能力的锻炼要听说结合，不是单一地训练。输入是输出的基础，没有很好的输入，就没有必要的词汇和语感，听就是良好的语言输入。学生只有在听与说交互的环境中，才能得到充分锻炼和提高。在课堂会话活动中，教师是积极的参与者，更是活动的组织者和管理者，教师的组织和引导能激发学生的学习兴趣，鼓励他们树立信心，增加会话活动的互动意识，提升会话活动的质量。在会话过程中要抓语言的内化，即帮助学生将所学的知识做出本能的反应，用丰富的词汇、句型和正确的语言结构进行表达，提高对语言运用的整合能力。在学生会话活动中，要重视过程性评价，促进学生在会话学习过程中的自我鉴定，帮助学生及时调整和提高，充分调动学生的主观能动性，发挥学生的主体作用。教师在平时教学实践中要贯穿教学新理念，调动学生的学习积极性，鼓励学生多讲、多练，并通过多种途径加强积累，丰富学生的学习和生活阅历，通过跨文化比较学习提高语言的实用性，提高学生的口语会话能力和实践价值。

4. 意义建构：语言学习的真谛

（1）意义建构"练就"听说。英语听力教学中经常出现对话和短文中没有的生词学生难以理解的情况。教师通常的应对策略就是语法分析、释义，这些方法有时能够奏效，但许多情况下却难解学生之惑。问题的原因在于在传统的英语教学模式中，教师在很大程度上依赖教科书，忽视目标语国家文化背景知识的传授，所以学生无法正确理解所听的信息。我们应该扩大学生的知识面，指导学生多听英语广播、录音并多做模仿，使学生领会这些现实的自然交流，使语境内在化。这样学生才有可能成为意义的主动建构者，用探索法、发现法建构知识的意义，主动搜集并分析有关的信息和资料。教师要成为学生建构意义的帮助者，要激发学生的学习兴趣，帮助学生形成学习动机，通过创设符合教学内容要求的情境和提示新旧知识之间联系的线索，帮助学生建构当前所学知识的意义，并在可能的条件下组织协作学习、开展讨论与交流，并对协作学习过程进行引导，使之朝有利于意义建构的方向发展。

（2）意义建构"实现"阅读。建构主义学习理论认为，学习是学习者通过"同化"和"顺应"两种方式建构知识结构的过程。"同化"是学习者把外在信息纳入已有的认知结构，丰富和完善原有的认知结构（也称"图式"）的过程；"顺应"则是指学习者在原有的认知结构与外在信息发生冲突时，主动调整和重组原有认知结构的过程。阅读是人们获取知识的主要途径，也是英语学习的主要任务之一。阅读理解能力的高低直接影响和制约着一个人的听、说、读、写等能力的发展。在阅读时，读者不是单纯被动地接收信息，而是将从文本中得到的语义和句法信息，结合有关话题的个人经验和知识，形成关于他们对于正在阅读的或将要阅读的材料的假设或期待。在继续阅读时，他们又努力证实或否定那些假设或期待，因而阅读的过程也是建构意义变化的过程，而阅读的本质也正是建构意义。

在英语阅读教学中，教师应帮助学生总结各种阅读策略和技巧，在实际阅读中针对不同体裁的文章有计划、有目的地训练学生运用阅读技巧把握段落主旨，建构文章主题，训练学生总结、概括和综合理解的能力。

我们大脑中存储的知识是由一个个单元组成的，称为图式，简单而言，图式就是一种结构或者框架。对于英语学习的内容，大脑将其主要信息按照一定的线索重新组合，形成了特定的文章组织结构，这种布局结构简明清晰，学生可以较容易厘清思路，方便学生理解和记忆，进而也就能够理解文章所要表达的主题及其深层含义。在传统英语课堂中，教师注重文章中零碎的词汇、句型和语言点的讲解，把课文分离开来，这样的教学不利于学生从整体上理解课文内容和把握文章结构，难以取得有效的教学效果。而利用图式可以帮助学生将知识元素按其内在关联性建构成一种可视语义网络，加深其对文章内容的理解程度。

学生对文章的理解不仅仅包括词汇和句式，还包括对文章整体的理解。每个人都存在理解程度和理解角度上的差异，无论是教师还是学生，我们应该承认这种差异的存在。我们平时所说的文章的意义，其实就是阅读者对于文章的自己的理解。

（3）意义建构"赋予"写作。英语写作这门实践性很强的课程可以有效地在建构主义学习环境中促进学生的认知发展。建构主义认为，教育要丰富个人的经验，其意义必须对个人的生活是重要的。从写作教学活动看，教师本人与其所教对象是难以分开的,教师与学生、学生与学生之间需要共同针对某些问题进行探索,并在探索的过程中相互交流和质疑,了解彼此的想法。由于经验背景差异的不可避免,学习者对问题的看法和理解经常是千差万别的。其实,在学生的共同体中,这些差异本身就是一种宝贵的现象资源。建构主义虽然非常重视个体的自我发展,但是也重视教师的影响作用。

我们一直强调写作的重要性,但是写作能力并非是一时的训练可获得的,专门的写作时间或者写作课对于写作能力的提升效果是有限的。教师需要在平时教学中不断地引导学生,不断地渗透写作教育,引导学生在平时的生活中注意观察和记录自己的感想,这样在写作的时候就不会觉得没有内容可写,也就不会出现语法和句式混乱的问题。学生的写作能力也就在潜移默化之中发生了巨大改变。

教师经常利用教材提供的写作训练内容,结合教学实际让学生动笔写作,养成良好的写作习惯后,学生就能顺利地掌握写作技能,在今后的考试或实际生活中能理解并灵活运用,不再觉得写作是件苦差事。在建构主义情境中,写作过程是一种积极主动地完成意义建构的过程,是用语言探索知识、了解世界、互相交流的过程。教师可以通过展示与某一写作主题有关的丰富知识的情境,使学生产生兴趣,从而激发学生求知探索的内在动机,自觉主动地完成写作任务。学生是教学活动的积极参与者和积极建构者,而教师是意义建构的帮助者和促进者。教师利用情境、协作、会话等学习环境要素充分发挥学生的主动性、积极性,使学生有效地实现对当前所学知识的意义建构的目的。英语写作是一种发现意义并创造意义的循环式过程,此过程一般包括准备、初稿、反馈、修改、定稿五个阶段。

综上所述,建构主义学习理论在中学英语课堂教学中起着举足轻重的作用。教师如果能恰当把握、合理运用,将会极大地提高英语课堂教学效果,帮助学生取得更好的英语学习成绩。建构主义学习理论是教育教学中的热门理论,对教师建立教学新模式、采用新方法具有很好的指导作用。它强调学习过程中学习者的主体性和建构性,提高在教师指导下以学生为中心的学习方法。我们积极利用现代教育技术的教学优势,使教育理论、教育技术、教学实践等有机结合,对深化教学改革具有深远意义,在建构主义学习理论环境下对培育优秀的具有综合能力的国际型人才有积极作用。

第四节　基于跨文化交际的高校英语教学模式探索

一、建立健全的跨文化交际能力培养的认知体系

所谓跨文化交际能力培养的认知体系，主要涉及教学理念、教学目标和教学原则等内容。由此出发，我们可以从以下几个方面入手：其一，树立正确的教学观念，以全新的教学理念、明确的教学思路促进跨文化教学工作的发展，实现教师主体对于跨文化认知能力的提高，并且以积极的心态投入跨文化交际英语教学模式探索过程中去。其二，以培养跨文化交际能力为英语人才培养的目标，切实发挥英语的社会功能，以顺应社会现实对于英语教育的需求，实现教学目标体系的调整和改善。其三，合理处理好跨文化教学体系中各个主体的关系，主要涉及本土文化和英语文化、英语功能性和文化性、语言教学与文化教学。其四，以跨文化交际英语教学模式的特点为基础，确定大学英语跨文化教学的原则，如坚持以人为本，实现多层次合作，循序渐进，倡导体验教学，因材施教等方面的原则，这应该成为贯穿整个跨文化英语教学工作的重点和难点。

二、注重英语跨文化教学师资结构的升级和优化

针对目前高校跨文化师资力量不足的问题，我们应该积极采取有效的措施进行改善，为跨文化教学工作的开展提供坚实的人力资源基础。具体来讲，我们需要做好以下几方面的工作：首先，注重高校教师招聘和选拔机制的健全，优先将有国外生活经验、留学经验、贸易经验的教师纳入自身师资队伍中去，为后期跨文化教学工作的开展打下坚实的基础。其次，高度重视对于现任职教师的培训和教育，积极将跨文化理论、发展历史、特点纳入教师培

训过程中，实现教师对于跨文化教学的深度认识，并且在参与培训的过程中，不断锻炼自身跨文化教学能力。最后，积极聘请有经验的外教，加大外教课程比重，实现学生与外国教师的直接交流，以便更好地理解彼此文化差异，并且带着这样的文化差异进行各项跨文化交际教学，使其慢慢成为跨文化交际大学英语教学模式体系的重要组成部分。

三、积极开展跨文化交际大学英语教学模式理论研究

我国在跨文化交际大学英语教学模式理论研究方面本来就落后于其他国家，更应该积极紧跟步伐，不断开展理论探究，以填补我国跨文化英语教学模式的理论空白。具体来讲，主要涉及以下几个方面的工作：其一，积极针对跨文化交际大学英语教学模式设立项目，组建专业的研究小组，结合实际问题，进行大量的研究和调查，以实现健全的自身跨文化英语教学模式理论体系。其二，对于国外先进的理论和实践经验进行积极总结和归纳，以比较的方法找到各自理论的优缺点，并且结合我国高校英语教学模式的现状，找到能够切实运用于我国跨文化大学英语教学的策略。其三，积极迎合人才市场对于人才需求的情况，对于跨文化交际大学英语教学模式进行研究，形成理论与实践充分结合并且健全有效的教学模式动态化机制，为进行更好地跨文化交际大学英语教学模式理论探索打下基础。

四、积极引导学生接触跨文化交际大学英语教学模式

作为教学过程中的重要参与者，学生应该成为跨文化交际大学英语教学模式的主体。教师在进行此种教学模式探索的过程中，应该高度重视学生的主观能动性，积极鼓励其参与进来，以实现教学模式体系的建构。详细来讲，我们可以从如下几个方面入手：其一，积极鼓励学生与跨文化媒体接触，为了解中西方文化差异创设良好的外语环境，由此方式获取一种比较原始的英语文化氛围。其二，积极以文化情境的教学方式，将情感教育纳入跨文化交际大学英语教学过程中，不断培养学生跨文化意识和兴趣，以此内化成为学

生自主接触跨文化知识的动力。其三，注重学生自主学习能力的培养，以问题设置、课外探索的方式实现学生自主学习精神的培养，以便形成良好的跨文化学习习惯，保证学生自觉地接触跨文化教学，为开展跨文化教学工作打下坚实的基础。

第七章 高校英语跨文化教学与跨文化交际能力的培养

第一节 高校英语跨文化教学的教学理念

长期以来,在大学英语教学中,大部分学生甚至很多教师对语言问题较为重视,他们认为与外国人交往的最大问题来自语言。当出现文化碰撞时,他们首先把问题归咎于没学好语言,而不去质疑自己的跨文化交际能力。然而在国际交流中,一个外语说得很流利的人,往往背后隐藏着一种文化假象,使人误认为其同时具有这种语言的文化背景和价值观念,其语用失误有时令人怀疑是一种故意的语言行为,因此导致冲突发生的潜在风险更大。一个能胜任国际交流工作的高素质国际化人才,不仅需要掌握熟练的英语语言知识,还必须具备良好的文化素养和较强的跨文化交际能力。因此,在全球化的今天,转变传统大学英语教学中重语言、轻文化的教育理念势在必行。

一、树立多元文化教育的理念,注重跨文化交际能力的培养

在经济全球化背景下,随着中国改革开放的日益深入,外国人直接来中国办公司、进行各种投资的现象越来越普遍。我国的对外交流已扩大到整个社会,扩大到民间和经济的各个领域,越来越多的人不出国门也面临着频繁的国际交流。这种交流不仅是语言的交流,更是文化的交流。在全球化背景下,世界一体化进程日益加快,国际合作更为密切,国际竞争更加激烈,任何国家都无法脱离世界而独自进行经济、政治、文化发展。在信息化时代,

无论是国家还是个人都处于一种开放的状态之下，人们会置身不同的文化之中，也会接触具有不同文化的人，在交往的过程中，各种文化互相碰撞，互相融合。多元文化成为人们无法回避的问题，树立多元文化教育的基本理念成为大学英语教学中的重要任务。

多元文化教育的基本理念主要包括正视文化差异，尊重文化多样性，即通过教育，学生理解和欣赏不同群体的文化特质及文化内涵，进而培养尊重、理解和欣赏不同文化群体的积极态度。

只有承认文化的多样性，树立多元文化教育的基本理念，才能正确理解跨文化交际的内涵，大学英语教学中跨文化交际能力的培养才能落到实处。

二、树立双向跨文化交际理念，警惕文化霸权主义及中国文化缺失

大学英语教学中培养学生跨文化交际能力的一个首要问题是要明确"文化"的内涵。英国人类学家泰勒将"文化"定义为："包括全部的知识、信仰、艺术、道德、法律、风俗以及作为社会成员的人所掌握和接受的任何其他的才能和习惯的复合体。"王守仁认为，跨文化交际研究与英语教学的结合点应落在让学生了解作为不同体系的中西方文化，探究各自的思想基础和基本观念，通过对比分析，从深层次上认识文化思想差异，这样对培养高素质英语人才才真正具有重要的意义。

大学英语教学在强调跨文化交际重要性的同时，要警惕文化霸权主义及中国文化的缺失。跨文化交际应该是双向的交流过程，交际双方都应该了解对方的文化特征，并彼此尊重对方的文化习惯，在平等的基础上交流，才能跨越因文化差异造成的障碍，实现真正意义上的双向跨文化交际。虽然外语学习者最需要掌握和了解的是目的语文化，但这不等于要摒弃母语文化。对本土文化的了解和学习，是文化能力的基本素质要求。如果只重视目的语文化的学习而忽略了母语文化，将不利于学习者形成正确、平等的文化价值观。只有充分认识本国优秀传统文化，才有可能具备了解目的语文化的修养，从而进一步拓展自己的跨文化心理空间，对文化的多元性表现出一种宽容大度、兼容并蓄的跨文化人格。

第二节 跨文化交际能力

一、跨文化交际能力的相关含义

跨文化交际能力涉及文化、交际和能力等层面，其基础是交际和交际能力。英语中"交际"是 communication，含义是通信、传达、信息（交换）、交通等；而汉语中"交际"指人与人之间的往来接触。现代交际学范畴内"交际"的定义是人与人之间沟通信息的过程，即人们运用语言或非语言信息交换意见、传达思想、表达感情和需要的交流过程。交际能力是一种社交能力，而跨文化交际能力是在拥有这种基本社交能力的基础上在其他文化背景下的有效交际能力。这里强调交际的"有效性"，是因为有效的交际才是跨文化交际能力的体现，否则，就不具备这种能力。

交际概念的表述方式有所不同，但其内核是一致的。相比之下，文化的概念难以界定，各学科是从不同的研究角度来定义的。从文化与交际关系的角度来看，文化具有以下特点：文化是可习得的，第二语言习得是发展另一语言系统，第二文化习得是对原有文化的扩张；文化是一套共享的认识体系，这一特点对文化和交流非常重要，因为有效的交际是基于主体间对事物的共同认识；文化影响行为，正因如此，不同文化背景下的主体对其他主体行为会产生反感；文化是一个群体或社团共有的，一般都会涉及大的群体而非小团体；文化是相对的，没有优劣之分。

布莱恩·斯比茨伯格（Brian H. Spitzberg）对交际能力的特点和构成进行了说明"交际能力体现于个体在特定场合中得体、有效的交际行为中。在跨文化交际语境中，交际双方共同点减少，差异增多，交际难度增加。影响有效交际的变量包括语言差异、文化差异、世界观、价值观等。跨文化交际能力由知识、动机、技巧三个因素构成，三者相互影响、相互依存。跨文化交际能力需要足够的跨文化知识、积极的动机和有效的交际技巧，三个因素应同时具备，任何一个因素都不能单独构成跨文化交际能力"。

克拉姆西（Clamecy）认为一个具有跨文化交际能力的人"在一定的社会环境中能够灵活选用准确、恰当的形式，而不只是根据某一个社会群体的学术规范和社交礼节去说和写"。具体说来，一个跨文化的人应该能够做到以下4点：

①能够辨别出两个群体关系中的冲突区域；

②能够解释冲突的行为和信念；

③能够解决冲突或对不能解决的冲突进行协商；

④能够评价一个解释系统的质量，并根据一个具有某个具体文化背景的说话人的信息，自己建构一个有效的解释系统。

二、跨文化交际能力的内涵

语言学习理论研究的任务之一，就是揭示语言能力和语言交际能力的构成因素及形成过程，因为只有对语言能力和语言交际能力的构成因素和形成过程有了全面认识，才能在语言教学中更加自觉、更加有计划地培养学生的语言能力和语言交际能力。

（一）语言能力

语言能力是一种内化了的语言规则体系，包括语音、词汇、语法等，是人们所具有的语言知识。乔姆斯基把语言分为语言能力和语言行为，并且把两者对立起来。他认为，语言能力是基于对"理想的说话人"在"完全同类的言语群体"中的言语行为进行的研究，其"语言能力"包括语言知识和规则及语言的基本技能，他所认为的语言能力是人类先天就具有的内在心理机制。

关于语言存在结构系统和规则的观点在我国外语教学领域有着长期的、根深蒂固的影响。其所产生的语言结构系统知识、规则以及范式语言为教学的语言输入和学习活动提供了必要的条件，但也存在明显的不足：此种语言理论只涉及语言系统本身或内部的内容，解决的只是语言形式问题，而未能解决语言的本质，即社会交际功能的问题。

（二）交际能力

何谓交际能力呢？《朗文语言教学与应用语言学辞典》对交际能力进行了解释："（交际能力）指不仅能使用语法规则组成语法正确的句子，而且知道何时何地向何人使用这些句子的能力。"交际能力包括：

①语言的词汇及语法知识；

②说话规则，如知道如何开始并结束谈话，不同言语活动中谈什么话题，不同场合对不同的人用什么称谓形式；

③掌握如何使用不同的言语行为，如请求、道歉、致谢和邀请，并对其做出反应；

④掌握如何适当地使用语言。如果想与别人进行交际，就必须注意社会场景、人物之间的关系及特定场合中可以使用语言的类型，还必须理解书面或口头表达出来的句子在上下文中的意思。

交际能力这一概念是由美国社会语言学家戴尔·海姆斯于1972年首先提出的。他把"交际能力"概括为语言知识和对语言知识运用的能力，他曾经很直观地把交际能力说成是"在恰当的时候，在恰当的地方，用恰当的方式对人说恰当的话语"。在他看来，如果没有语言使用规则，语法规则就毫无用处。例如，人们知道情态动词"would"的使用规则，但不知道在社会交际情境中好友之间提出请求时不使用"would"要比使用"would"更加亲切。

戴尔·海姆斯对第二外语教学和研究的另一贡献是他提出的"文化干扰"理论，即个体与其他文化背景的交际对象沟通时，自身的文化背景对交际行为包括语言使用的干扰。例如，一位刚上哈佛大学的中国学生李昊吃过午餐后在校园的路上碰见同班的美国同学John。李昊很友好地问John吃了饭没有，以示打招呼。这使美国同学误以为被邀请共进午餐。李昊在美国文化环境下按中国文化习俗对美国人打招呼，虽然使用的语言并没有语法错误，但是违反了美国文化的社会语用规则。这就是典型的文化干扰现象。戴尔·海姆斯交际能力观的核心是语言的得体性。按照海姆斯的交际能力理论，构成跨文化交际能力的要素是语言知识、社会语用知识以及交际技巧，没有涉及交际者情感方面的因素，如克服文化差异所带来的不良心理感受等，也没有涉及交际者对对方价值观、世界观等深层文化结构的理解。这不能不说是他的局限性。

美国社会语言学家拉波夫提出了一种与交际理论相关的会话风格理论，从不同维度把社会语言因素引入语言交际的概念。

（三）跨文化交际能力

不难发现，语言能力和交际能力都涉及了两个要素：特定环境、有效与得体。我们可以将跨文化交际能力定义为在特定环境中与来自其他文化成员进行得体、有效交际所具备的能力，包括知识、意识与技能三方面的内容。

1. 特定环境

通常来说，能力指的是一系列的才能或者是有技巧的行为。然而，能力的判定却是随着标准的不同而不断改变的。在一种环境中被认为是有能力的行为，在另一种环境中完全有可能被认为是无能的表现。例如，在西方文化中说话直截了当的风格能够被广泛地接受，可能被认为是有能力的表现；而在中国文化中，说话直截了当则可能不被接受，甚至引起他人的不快，是缺乏交际能力的表现。所以，任何能力都不能孤立地判断，而是应该放在一定的环境中。

许多研究者都曾研究跨文化交际者的性格特征与跨文化交际所应具备的素质之间的关系，如性格的内向或外向、个人的宽容度等。在某种情况下，某种性格可能会对跨文化交际起到一定的帮助作用，但是这不是绝对的，没有一种性格可以游刃有余地开展所有的跨文化交际活动，任何性格特征都需要在特定的环境中才能发挥其良好的跨文化交际能力。

2. 得体与有效

有能力的跨文化交际者能与其他文化成员进行得体、有效的交际。所谓得体，是指交际行为合理、适当，符合特定文化、特定交际情境以及交际者之间特定关系对交际的预期。有效是指交际行为实现了预期的结果。有效是交际的结果，得体是交际的过程。交际者如果能达到交际目的，交际就基本成功了。但在达到目的的过程中，不同的人可能会运用不同的方式，有的得体，有的可能稍欠妥当。如果在达到有效的同时，又能够运用十分得体的方式，就是成功的交际。因此，一个具备良好交际能力的交际者既需要运用得体的方式进行交际，也需要达到交际的目的。

3. 知识、意识与技能

除了"特定环境"与"得体与有效",在定义中还提到了进行跨文化交际能力所必须具备的知识、意识和技能,但跨文化交际能力并不是与生俱来的,也不是偶然获得的,需要具备一定的前提条件。语言、交际、文化的关系密不可分,语言教学的目的之一是使教学对象能够运用所学语言进行交际,即具有交际能力;文化影响语言和交际,所以教授语言的理想目标是使教学对象使用所学语言在目的语的文化语境中以符合对方文化习惯的方式交际,即培养学生进行跨文化交际的能力。

跨文化交际能力与交际能力的定义比较类似,但是跨文化交际能力除了强调交际的得体性和有效性以外,更强调交际者与所处文化环境的关系。与交际能力的定义相类似,跨文化交际能力的概念也历经了一些演变。文化教学(Culture Teaching)的目的从最初的"熟悉外国文化"变成了"培养文化意识",再到最后的"提高跨文化交际能力",这三个层次是依次递进的关系。"熟悉外国文化"主要是指有关文化知识的传授;"培养文化意识"建立在掌握一定文化知识的基础上,并且已经触及了对文化的观察力以及对待其他文化的态度;"提高跨文化交际能力"则是在具备"文化意识"以后在实际交往中的行为与表现。这三个不同的层次正好对应了跨文化交际的三个方面:知识、意识、技能。

三、跨文化交际能力模式

中外很多学者从心理学、交际学和语言学等不同角度对跨文化交际能力模式进行了研究。《语境中的跨文化交际》从跨国公司外派人员工作能力需求出发,提出一种跨文化交际能力模式,包括知识因素、情感因素、心智活动因素和情境特征四个要素。他们认为知识因素是交际者对交际对象所在文化的认知,表现为交际者对目的文化价值观念、信仰、文化模式的了解;交际者还应掌握目的语文化的言语和非言语交际脚本。跨文化交际中的情感因素指交际者对待来自不同文化的交际对象和跨文化交际行为的态度——接近或疏远,其重要特点是对跨文化交际活动产生的焦虑,即因正在进行的或预期进行的跨文化交际活动而产生恐惧和焦虑的心情。跨文化交际能力中的知识因素和情感因素相互支持、相互影响，跨文化交际知识越多，跨文化交际的心理压力越小，进行跨文化交际的动机越强；交际动机强烈，获得跨文化交际经验的机会多，积累的跨文化知识就会越来越多。跨文化交际能力中的心智活动因素是知识因素和情感因素的体现，内容包括言语和非言语表达以及角色扮演。言语表达指个体运用语言的能力；非言语表达指对对方文化肢体语言、时间语言、颜色语言、空白语言、辅助语言等非言语符号的认知；角色扮演指交际者了解目的语文化对自己所扮演角色的期待，并根据自己的角色身份得体地使用言语和非言语符号，调整自己的行为模式，使自己的言行符合目的语文化的要求，以适应不同文化对同一社会角色不同期望和要求的能力。跨文化交际能力的第四个因素是发生跨文化交际的真实语境。个体可能在某一语境中表现出较强的交际能力，而在其他语境中则无法自如应对，因此交际能力的大小依语境变化，影响跨文化交际能力的情境特征包括环境语境、预先接触、地位差别和第三方的干扰等。

我国学者贾玉新在分析西方学者跨文化交际能力模式的基础上，认为跨文化交际能力包括基本交际能力系统、情感与关系能力系统、情节能力系统和策略能力系统四类交际能力系统。基本交际能力系统包括语言和非语言行为能力、文化能力、相互交往能力和认知能力。情感与关系能力系统包括情感能力和关系能力两个方面。情感能力主要指移情能力，即认同和理解别人的处境、感情和动机。情节能力的概念是针对语言多义现象和语境之间的关系提出的，情节是某一特定文化环境中，典型的交往序列定式，具体情节中有一套独特的言语和非言语规则。策略能力系统是指交际者因语言能力问题或语用能力问题没有达到交际目的，而采取的补救措施或策略。贾玉新先生的跨文化交际能力模式没有简单地综述总结国外研究成果，而是重新组合，使之更加全面。

文秋芳认为，在外语教学中把外语水平等同于交际能力是不准确的。她认为，外语交际与母语交际有所不同，在外语交际中，交际双方往往存在文化差异，因此外语教学中仅仅培养学生的"交际能力"是不够的，还要使学生具有处理文化差异的能力，即应培养学生的"跨文化交际能力"。

胡文仲、高一虹指出，外语教学的目的可分三个层面：微观层面、中观层面和宏观层面。

在微观层面，外语教学的目的是培养学生的"语言能力"，包括语音、词汇、语法、篇章等语言知识和听、说、读、写、译等语言技能。在中观层面，外语教学的目的是培养学生的"交际能力"，主要是指语言交际能力的培养。在宏观层面，外语教学的目的是培养学生的"社会文化能力"，包括语言能力、语用能力和扬弃贯通能力，而扬弃贯通能力又包括了理解能力、评价能力和整合能力。

胡文仲、高一虹认为，所谓理解，是认知和情感因素共同作用的结果，是学习与英语共同作用的结果。人们通常所说的"跨文化意识"便是对另一文化的理解能力。评价能力是对所接受的文化信息进行理性评判的能力，同时对自身的文化归属和由此而可能产生的文化偏见有着清醒的意识。整合能力使学习者能够将新的文化信息与已知的文化图式相结合，成为自己人格中的一个有机整体。如果将"文化"当成是某种意义上的人的"精神食粮"，那么就不妨把"理解"当成"摄取"，把"评价"当成"消化"，把"整合"当成"吸收"。如果将社会文化能力的三个主要成分放到一个两头分别是"封闭型能力"和"开放型能力"的连续体上的话，社会文化能力三要素之间的关系就更加一目了然了。

"语言能力"基本上是一种"封闭能力"，可以达到"不可能学得更好"的顶点。"扬弃贯通能力"是典型的开放能力，因为文化是千姿百态、丰富多彩的，人们理解和评价的内容、方式和结果可能是因人而异的。对于一个外语学习者来说，社会文化能力的三个部分是相对独立而又互相联系、互相影响、互相补充的。只有完全具备了这三种能力，学习者才能够通过文化学习使自己的人格主体变得更加完美，更加富有创造性。

从上述分析中我们可以看出，贾玉新的跨文化交际能力模式更加包容万千；以胡文仲、高一虹和文秋芳等为代表的中国学者从外语教学的角度出发对跨文化交际能力进行探讨，因而具有很强的针对性。文秋芳第一次明确区分交际能力和跨文化能力，是对以往交际能力模式的进一步补充和发展，而胡文仲、高一虹的"社会文化能力"概念更是一般意义上"跨文化交际能力"概念的扩展和深化，把外在的跨文化交际能力延伸至人们通过对母语文化和异文化的理解、评价和吸收而达到内在人格的整合和完善。如果说传统的"跨文化交际能力"是"外语教学"的最终目标的话，那么，"社会文化能力"

则是"外语教育"的最终目标，它将"跨文化交际能力"的提高与人的素质培养这一整体教育目标有机地结合起来，本研究从大学英语教学的角度研究跨文化交际能力，所以在综合文秋芳和胡文仲、高一虹的跨文化交际能力模式的基础上，认为跨文化交际能力包括语言能力、语用能力和跨文化能力三部分。

四、影响跨文化交际的因素

布莱恩·斯比茨伯格和克拉姆西所描述的跨文化交际能力是指通过系统的外语和文化教学培养出来的理想化的跨文化交际者所具备的能力。然而，在经济和文化迅速全球化的今天，国际交往变得非常频繁和平常，跨文化交际不可避免，我们在短时间内还来不及培养出足够数量的跨文化交际人才。不少学者在现实生活中对外语学习者进行了观察以后发现，在跨文化语境中能与外国人进行无障碍交流的人甚少，绝大部分人的交际有效性和适宜性受到多种文化因素的影响。

（一）语言的局限性

不同文化的人之间在进行交际的时候，首先遇到的问题就是语言中的文化障碍，尤其是双方不具有共同语言的时候，语言中的文化障碍就变得非常明显。即便是互相具有共同的语言，双方文化不同，语言障碍仍然会在各个层面产生，这是词汇、发音、语义概念以及与语言相关的文化问题等多重因素的缘故。

（二）思维方式差异

各民族的思维习惯的形成都有赖于相应的文化环境。文化环境的主要因素有生产方式、历史传统、哲学思想和语言文字等。其中语言是感知和认识世界的重要手段，同时对语言的理解和掌握也是感知的重要部分。也就是说，一方面语言体现思维；另一方面，语言习得也是影响思维习惯形成的重要原因。心理语言学家认为，人类认知结构都是相同的，但是由于各民族生存的文化环境不同、使用的语言不同，其思维方式是有差异的。

语言哲学家们对这个问题很感兴趣：一个群体的世界观和精神活动在多

大程度上依赖于或受制于其语言？认为语言的确影响其使用者的思维过程的理论被称为语言相对论。有些学者提出，不同的人有不同的语言是因为他们有不同的思维方式，他们有不同的思维方式是因为他们的语言为之提供了不同的表达方式。

象形文字是中国人形象思维突出的一个重要原因。汉字以形写意，形声一体，是平面文字。汉字很多字和字符的认知由图像识别开始，以图像的感知为基础，之后发展到汉字字意的认知阶段；而像英语这样的音素文字，其符号与意义没有直接联系，它通过声音间接地表达意义。从语言的表达习惯看，汉语是缺少严格意义上的形态变化的无标记语言。汉语的词汇意蕴丰富，有时句法会给丰富的语义关系让步，主观性强。汉语不注重形式，句法结构不必完备，动词的作用没有英语动词那么突出，重意合轻分析。对汉语句子的理解一般要靠语言环境、说话人的心态以及文化背景等方面因素的整体把握和约定俗成，是"人治"。而英语形态较丰富，客观性强，这就使其语言有扎实的形式逻辑基础。英语高度形式化、逻辑化，句法结构严谨完备，是"法治"。英语句子以动词为核心，其主干、旁支结构分明，主从成分层次明晰，全句形式严谨，逻辑关系明显。中国人在习得汉语的过程中，受汉字符号特性的影响，形成了突出的形象思维习惯；而英美人士在英语习得过程中，受英语文字符号特性的影响，形成了逻辑思维优先的习惯。

（三）交际风格差异

交际风格是指人们在传递和接收信息时喜欢或习惯采用的方式。综合中外学者关于交际风格的研究，中美交际风格差异可概括为：直接与间接差异；线性与圆式差异；自信与谦逊差异；沉默寡言与侃侃而谈差异；详尽与简洁差异；人和任务为中心与关系和地位为中心差异。一般来说，美国人在交际时倾向于直截了当，开门见山，环环相扣，直奔主题；而中国人则习惯拐弯抹角，声东击西，兜圈子。美国人崇尚自信，相信只有通过言语，进行详尽严密的交谈，才能达到交流和解决问题的目的；而中国人相信沉默是金，少说多听，言多必失，谈话时往往表现得非常谦卑，在谈到主题时经常是点到为止，简洁扼要。最后，美国人喜欢就事论事，不太注重社会文化因素和人际关系对交谈主题的影响；中国人则对交谈双方的地位关系非常敏感，所谓见什么人说什么话。因此在中国文化中，人际交流的主要目的之一就是建立和促进两人之间的关系，交谈的内容也尽可能以有利于建立和谐的关系为原则。中美两种文化的交际风格差异很大，如果两国人民互不了解对方交际风格，交往过程中就免不了文化冲突。美国人会觉得中国人不真诚，办事缺乏效率；中国人会觉得美国人自负、无礼。如果中美双方事先对交际风格差异有所了解，交际时有意识地调整自己，定能取得良好的交际效果。

（四）价值观差异

价值观是指某一社会中或者某一文化中由人们的信仰、世界观、行为准则、认知模式、道德标准、处世态度等构成的一套系统，即价值观念系统。克鲁伯和克拉克洪提出的"内隐文化"，其核心就是价值观。价值观是我们自身文化的一部分，是从小习得的结果，可以说我们交际行为的深处存在价值体系。价值观是文化的重要构成要素，与交际有着密切的关系，我们能够通过言语行为和非言语行为发现价值观。

（五）民族中心主义

民族中心主义这一术语源自认知心理学。它是指人们在交往过程中不知不觉地用自己的文化标准判断他人的言行，认为那些不同于自己文化习俗的行为都是不好的。与之相反的概念是民族相对论。民族相对论思想是指对不同的价值观念、文化习俗和言语行为表示理解和宽容，并能够根据不同的交际对象和场合，调整自己的行为和判断标准。具有民族相对论思想的人相信人们之间只有相同和不同之说，无优劣之分，人们不能对不同文化进行好坏优劣的评判。里维因（Levine）和坎贝尔（Campbell）认为民族中心主义思想是人的本质。心理学研究显示，人人都有民族中心主义的倾向，其影响具有两面性：一方面，它在一定程度上能促进民族团结和社会进步；另一方面，它又构成跨文化交际的一大障碍，因为它将一个文化群体的人们聚集到一起，而排斥另一个文化群体的人们，这种状况很不利于文化交流。其次，民族中心主义崇尚自己的价值观和信仰，蔑视其他价值观和信仰。民族中心主义会导致不信任、冲突甚至敌意，从而影响跨文化交际的顺利进行。所以，跨文化外语教学的任务之一就是帮助人们认识民族中心主义思想的存在和负面影响，培养民族相对论思想。

第三节　跨文化交际能力培养的必要性

　　跨文化交际是自古以来就存在的现象，因为不同文化背景的人从事交际的过程就是跨文化交际。随着世界经济和教育全球化的不断深入，来自不同国家、种族、民族的人与人之间的交流达到了前所未有的水平。语言本身就是文化的载体，就像胡文仲老师所说："语言与文化有着密切的关系。由于语言的产生和发展，人类文化才得以产生和传承。不存在没有语言的文化，也不存在没有文化的语言。"不同的文化背景造成人们说话方式或行为习惯不尽相同，交际中不可避免地会出现大量的矛盾和冲突。这是因为人们生活在不同的社会背景之中，他们的生活方式、教育状况、宗教信仰、政治经济状况以及价值观念都不相同，因而对于信息的编码、译码和沟通具有比较大的阻碍和困难。在交流中如果他们本身所有的文化标准受到挑战，就可能会出现文化冲突。

　　英语作为国际通用语已经成为世界各国人民交流的一个常用工具，随着英语的重要性得到普遍认可，大学英语教学就有了更高的目标和更高的要求。2017年教育部颁布的《大学英语教学指南》指出："大学英语教学的主要内容可分为通用英语、专门用途英语和跨文化交际三个部分。""跨文化交际课程旨在进行跨文化教育，帮助学生了解中外不同的世界观、价值观、思维方式等方面的差异，培养学生的跨文化意识，提高学生社会语言能力和跨文化交际能力。跨文化交际课程体现了大学英语的人文性特征。各高校可根据需要开设不同级别的跨文化交际课程，也可在通用英语课程体系内融入跨文化交际的内容。"这就要求教师在语言教学的同时应尽可能加强文化意识的渗透，在教授语言的同时教授文化知识，提高学生对英美文化的敏感性与洞察力，培养学生的跨文化意识和跨文化交际能力，使学生能够真正做到学以致用，进一步推动我国英语教育事业向纵深发展。教师要采取适当的方法和措施指导学生了解英美文化知识，拓展他们的知识面，以便他们能正确地使用语言，选择恰当的交往方式，减少交流产生的障碍。

第四节 跨文化交际能力培养途径

语言与文化密不可分的关系决定了一种语言的学习不仅是语言知识的学习，更应包括文化知识的学习和对语言学习者跨文化交际意识与交际能力的培养。学习一种语言就是学习一种文化，想掌握一种语言就要熟悉和掌握它所承载的文化，只有让学生在学习语言的同时获取文化知识，才能提高学生的交际能力。

如何培养跨文化交际能力在学术界是一个重要的课题。在认知层面，一般采取讲课、阅读有关材料、使用音像制品、网络教育等方式进行。但是，认知并不等于情感和态度的变化，更不等于各种能力的获得。在情感层面，培训采取的方式多种多样，包括典型案例分析、与不同文化背景的人互动、实地体验等。在能力层面，语言能力是比较具体、可以科学检验的能力，可通过讲课等方式习得，其他能力则主要是在实际生活和工作中培养。大量的实践案例证明，培养跨文化交际能力是一个艰巨、复杂且长期的过程，不是在课堂上通过讲课就可以实现的，但是课堂教学是跨文化交际能力培养极为重要的一步。

通过综述跨文化交际能力的构成，我们知道跨文化交际能力包括认知、情感和行为三方面的能力。认知能力可以通过学习知识来提高；情感方面，无论是交际动机还是交际态度，也需要认知或知识来促进，这两方面的能力最终要靠行为技巧来体现。跨文化交际学界的著名学者 Samovar 与 Porter 对于提高跨文化交际能力有以下建议。

一、认识自我

"认识自我"是雕刻在阿波罗神庙廊柱上的古希腊格言，据传出自苏格拉底。交际包括十个构成因素，发出信息的信息源倾向于交际对象的反应和信息，而忽视自身的认知风格、情感态度等因素。认识自我要求个体了解自身文化、个人情感态度、交际风格和自我观察。

1. 了解自身文化

文化是人们的行为指南，人们倾向于用自己本民族的价值观、社会规范和行为模式衡量他人的行为，因此了解自身文化的特点及其优点和缺点可以帮助人们克服民族中心主义的狭隘倾向，提高跨文化交际能力。

2. 了解自己的情感态度

处事态度往往决定交际质量。人们在与他人沟通之前，往往会有一种由预先印象或思维定式带来的情感态度。这些交际前态度给交际者戴上有色眼镜，不能如实描述看到的客观现象，产生误解。如果交际者能够事先意识到这一点，就能在一定程度上克服先入为主的消极情绪，减少负面情绪对交际的影响。

3. 了解自己的交际风格

交际风格指交际者在交际中喜欢哪类话题，喜欢何种交际形式，如仪式化的形式、巧妙对答的形式、辩论形式等，交际者希望交际对象参与的程度，交际者喜欢的交际渠道，如言语、非言语等，以及交际者赋予信息的实际内容和情感内容的多少等。

人们在相互交往中了解对方的交际风格却很少注意自己的交际风格。如果在交往中你认为自己是一个开放型的人，而你的交际对象却感觉你是内向型的交际风格，那么出现交际问题的可能性就比较大。

4. 自我观察

自我观察是了解自己交际风格、待人接物的态度等交际行为的有效方法。人们一般不会在交际中询问交际对象自己的交际风格是怎样的，或者要求对方做出评价。交际者可以根据交际对象的反应判断、总结自己的交际风格，提高交际能力要求。交际者能够认识到自己的交际风格，发扬好的方面，改正或避免失败的交际策略，克服自身的缺点。

以上四点是提高交际者自我意识的方法，认识自己不是让自己成为交际的中心，而是深入了解自己的文化，认识自己对于其他文化的态度以及自身的交际风格。坦诚看待自己的行为并不容易，但是对于提高跨文化交际能力很有帮助。

二、考虑物理环境因素和人为环境因素

Samovar 认为时间概念、物理环境因素和习俗是影响交际的重要环境因素。

1. 时间概念

交际能力较强的交际者知道时间概念的重要性，知道在何时谈论某一话题。单时间取向文化，如美国，做事讲究效率，谈判或者交际风格较为直接，要求严格遵守约会时间，迟到一方要向他人表示歉意。在多向时间取向文化中，人们不严格遵守约会时间，也不会在约会之前向主人确认一下时间安排。墨西哥人的商务合同可以在两到三小时的午餐休息时间内签署，并且在会议快结束时才开始谈生意的现象也经常发生。了解交际者交往的目的语文化中的时间概念可以帮助提高交际效率和效果。

2. 物理环境

文化定义交际，不同文化在不同语境中的交际规则大相径庭。在美国，商务谈判通常安排在会议室中，谈判双方面对面坐着，气氛比较紧张。

阿拉伯人倾向于避免这种正面的冲突，他们喜欢圆桌会议，或者干脆席地而坐。了解非言语交际中的时空语可以帮助交际者预测目的语文化中自己所处环境的交际要求，从而使举止更加得体。

3. 习俗

一个民族的文化习俗反映人们的价值观念和行为模式，适应当地的文化习俗和传统是一种跨文化交际能力。一种文化中的简单习俗对于不知情的人来说都会很难把握。例如，在日本人家里做客，你会发现没有沙发或者椅子，你不知该站着还是坐在地板上。在韩国，人们不睡床，而是睡在地板上。在出国之前了解一些当地习俗的基本常识能够帮助你更快地适应陌生环境。

学习外族的文化知识有助于我们理解在跨文化交际中遇到的陌生的价值观、信仰和行为。虽然这些知识不能保证我们准确无误地预判别人的各种观念和行为，但会给我们的深入思考提供方向上的指导。首先，我们可以通过书籍、艺术和现代技术学习，其中，阅读是被人们普遍采用的认识和理解外族文化的最基本的途径。其次，我们在尊重对方文化的同时，向外族文化的

传播者学习，把来自外族文化的人看作是其文化的传播者和协调人，在与他们的谈话、交往、工作中学习他们的文化。拥有双文化或者多文化环境中学习和生活经历的朋友、同事和邻居也能给我们提供新的外族文化知识。通过这样的学习，我们能感受到新的信息和习惯，并且更新观念。参加外族的文化活动也是一个帮助我们理解和欣赏其中所蕴含文化的绝好方式，在不同文化活动中的亲身体验会转变和加深我们对外族文化的认识，如庆祝活动、宗教仪式、社区生活等。最后，我们必须掌握外族的语言。无疑，这也是学习其文化最有效的方法。语言与文化的关系十分紧密，某个文化中的许多内容都反映在其语言之中。因此，外语能力是跨文化交际能力的有力保证，具备使用一门或者多门外语进行交流的能力对提高跨文化交际能力至关重要。同时，外语的使用可以提高个人的交际策略，拓宽思考的角度。在这个十分微妙和神奇的过程中，人们常不知不觉地超越了自己看待客观世界的视角，并将自己的认识提升到一个新的高度。

三、掌握不同的交流方式

到一个陌生文化中生活或者工作，或与来自其他文化的人进行交际，需要交际者掌握该种文化的信息系统，包括言语和非言语交流方式。

1. 学习语言

语言是重要的交际工具，熟练使用对方文化的语言是体会该文化的途径，是学习该文化的工具，是跨文化交际能力的重要方面。当然，语言就其种类而言，我们不可能全都学会。我们的建议是学习你要前往目的地的语言，或者当前世界上通用的语言。在大多数国家，英语都作为学校教育中主要的外国语，以英语为第二语言的人数较多。英语也是国际会议、商务往来的官方语言和通用语言。因此，如果不知道自己将来是否出国的人可以选择学习英语。英语的普及意味着说英语的人不一定以英语为母语，所以只学习英国或者美国文化是不够的，要学习一些泛文化的知识。

2. 认识语言和文化的关系

语言承载文化信息，反映文化传统，习语和谚语就是这样。据估计，以英语为母语的人经常使用的习语超过一万五千多条。英语习语的特点是字面意思不是习语本身的意思，了解习语的文化含义才可能理解并正确使用习语。

交际者的教育背景和成长环境也是影响其用词及其词义的因素，以英语为第二语言的交际者要在学习英语、使用英语时留意这一点。

3. 非言语交际系统

人们在交际时除使用言语符号外，还伴随大量的非言语交际符号，如目光、体态、味道等在不同文化中意义不同，误用或误解非言语交际符号的意思会引起误会和矛盾。跨文化交际者应该掌握目的语文化中非言语交际符号的含义，并练习正确使用和解读非言语交际符号的意义。

四、移情能力

移情能力是情感能力的重要组成部分，主要指摆脱民族中心主义的束缚，不以本民族的价值观念看待和评判其他文化，设身处地为他人着想。Samovar 总结六个移情的步骤是：

①承认世界的多元性，文化差异的存在是普遍现象；

②充分认识自我；

③悬置自我；

④以别人的视角看待问题；

⑤做好移情的准备；

⑥重塑自我。

五、学习观冲突

无论在跨文化交际还是文化内部交际中，都有可能发生冲突。发生冲突的原因很多，不同文化对冲突持不同的态度。美国人一般采用五种方法处理冲突：

1. 退避

退避是比较常用的避免冲突的方式，也是最简单的方式之一。退避，包括心理上的，如保持沉默不参与谈话；也包括身体上的，如远离冲突，表明了交际者不愿意卷入的态度。

2. 和解

和解建立在放弃自己的立场和观点，满足他人的要求，达到他人满意的基础之上。这种策略一方面表明交际者无所谓的态度，另一方面显示交际者的软弱，因此会造成一方占另一方的便宜。

3. 竞争

竞争的策略代表交际者坚持立场、争取胜利的态度。把自己的要求强加于人有很多种形式，包括威胁、言语侵犯、胁迫或剥削。

4. 折中

折中是找到双方都同意接受的途径。使用这种策略时，人们通常要牺牲某些东西以换取解决冲突的方法。

5. 合作

合作的核心是双方都想解决冲突，使用富有建设性的方法可以满足双方的目标和需要。以积极的观点看待冲突，合作是最理想的解决方式。

从跨文化交际角度来看，有的文化倾向于积极地对待冲突；而某些文化中，倾向于避免冲突，对待冲突的态度比较消极。个体主义的交际者在处理与集体主义的交际者的冲突时，应该避免采取直接的方式，转而采取婉转、间接的方式。

第八章　高校英语跨文化教学建议

第一节　对跨文化教学培养目标的建议

跨文化交际能力培养是大学英语教学中必要且重要的一个环节，虽然大学英语的每类课程都有不同的性质和各自的侧重点，但都需要在教学中以不同的教学方式、从不同视角融合跨文化交际能力培养。

一、明确母语文化和目的语文化的定位

借用梁启超先生划分中国史的方法来明确大学英语教学中母语文化的定位。梁启超先生的《中国史叙论》作为中国通史的纲领，将中国史划分为"中国之中国""亚洲之中国"和"世界之中国"三个阶段。中国的文化之所以成为中华文化，是在中国的主要人口发展了成群的共同意识之后，秦汉帝国四百年的熔铸将"中国之中国"定型；在东汉之后，外族入侵加上佛教传入，中国始终有外围的挑战实际已是"亚洲之中国"；"世界之中国"始于清乾隆末期或者还可以更加提前。许倬云先生指出如果中国在"亚洲之中国"阶段就能发展出与其他文化共存平等的心态以及对其他文化的尊重与认识，则中国在进入"世界之中国"时不至于心理上毫无准备而一败涂地，今天的中国人已经认识到中国只是世界的一部分，中华文化只是在人类文明中占了一席而已。

大学英语教学的内容要以母语文化为基础，这是学生在跨文化交际中的立身之本，但在大学英语的课堂中进行母语文化教学超出了大学英语教学的

要求,也不是大学英语教学单独可以完成的,因此在大学英语教学中的母语文化以母语文化内容的英译即如何表述母语文化内容为主,同时进行母语文化与目的语文化的对比。

大学英语教学要涉及其他文化的内容,英语已经是一门公认的世界通用语,除了以英语为母语的国家之外,亚洲、大洋洲、太平洋、加勒比海的很多国家将英语指定为官方、准官方或工作语言,在这种状况下,数百万学生学习英语,把它作为全球性的国际交流语言。就拿中国的邻居来说,印度、新加坡都通用英语,日本、韩国、马来西亚的英语普及率也很高。在全球化的今天,英语已不仅仅被用来与以英语为母语的人士交流,大学生还可以使用英语与来自其他国家的人士交流,因此大学英语教学的内容在新形势下还必须扩展,但是限于大学英语的课时和课本的容量,这一部分内容可以作为选修、泛读或课外阅读的内容。

大学英语教学中目的语的文化学习是重点,学习目的语文化是掌握目的语言所必需的,同时学习目的语文化能让大学生意识到自己的文化身份,这也是学生建立文化身份的途径。只有在深入了解目的语文化的基础上,学生才能更深刻地理解母语文化,同时学生才能理解中国历史和文化是整个世界历史和文化的一部分,学生才能理解自己不仅仅是中华文化的传承者,也是世界的一分子,是世界文明的延续者。他们不仅要知道孔子、孟子的智慧,也要了解柏拉图、孟德斯鸠的思想精髓,他们不光要知道中国几千年的史实,也要了解世界几千年的发展历史。这也正是外语教学的桥梁作用,不是让中华文化与西方文化对立起来,或者简单地以民族自豪感取代文化交流中自由和实事求是的态度,而是让学生明白母语文化和目的语文化不是分隔和对立的,要能从不同的历史和文化中吸收养分,让自己成为跨文化人。理解另一种文化会给予学生一个站立的位置,在那儿能更好地观察自己的文化。

二、要让大学生达到并具备三个层次的程度和能力

第一层次:让学生能自如地表述自我和母语文化,具备用英语表述母语文化的能力。对西方人来说,中国人和中国的文化都是"文化上的他者",

如何避免西方将中国的民族文化和民族自我淹没在西方式的话语中，就必然依靠中国人对自我文化的阐释和表述，就如著名电影导演张艺谋，他对母语文化的大胆表述为其赢得了国际声誉。大学生就要像他那样，用西方人能够理解的方式表述自我以及自己的母语文化。

第二层次：让学生能够深刻理解目的语文化的深层内核，具备对目的语文化的理解能力。对学生来说，目的语文化也是"文化上的他者"，如何避免将目的语文化"他者化"，如何避免义化障碍是大学生学习的主要目的之一。就如著名的中国香港电影导演吴宇森，他在好莱坞拍片时所表现出的对美国社会规则、话语体系、意识形态的理解不亚于美国本土的导演。吴宇森的电影从形式和内容都受到美国文化的认可，在好莱坞赢得了很高的声誉。大学生应该像他那样，做到能够理解目的语文化的深层内涵。

第三层次：也是终极目标，使学生成为"跨文化"的人。因为学生所具有的"他者"身份，他们可以有意识地与目的语文化价值观保持距离，可以从"他者"的视角审视目的语文化，指出西方人习而不察地对"他者"的冷漠，不但可以令西方人反省自己的文化，也能为自己争取到"话语权"。同时学生的"他者"身份也为自己提供了一个认识自我的参照，从"他者"的角度看母语文化会让学生进入反思"自我"的旅程，能重新认识习以为常的社会。"跨文化人"可以使学生能够以他者的眼光观察母语文化和目的语文化的社会、历史、价值观等，"他者"的优势就是"旁观者清"，通过这样对文化的观察，学生学会反思两种文化模式，重新审视两种文化中的社会价值观，能够更深刻和批判性地认识自我，同时在这一过程中学生能建立文化身份，弥合西方与东方、他者与自我的差异。就如著名电影导演李安，他在《卧虎藏龙》中用西方人的视角表现中国的武侠和功夫，在《断背山》中又用"他者"的视角审视美国社会对"异类"或"异质文化"的漠视和排斥，促使美国人反思美国社会的问题，使美国人批判性地重新认识自我。前者为他赢得奥斯卡最佳外语片奖，后者为他赢得奥斯卡最佳导演奖，在主流西方文化中李安真正获得了话语权。大学生就应该能够从边缘的视角审视两种文化，从两种文化中吸收养分。

学习母语或母语文化并不仅仅是让大学生通过考试或者应付日常生活，而是要让大学生能够拿起汉语或古汉语的书籍与自己的祖先对话，吸取先哲的智慧。学习英语不能仅为通过 TOEFL、IELTS、GRE 考试，而是让英语成为一座桥梁，学生拿起一本英文著作时，就可以与西方文明中的智者对话，进行思想的碰撞，进而通过从他者的角度看到母语文化的优势与劣势，从他者的角度审视目的语文化。大学生能够成为跨文化人，在两种文化中搭起一座桥梁，使母语文化在面临西方文化的挑战时，不至于成为一个曾经辉煌但逐渐衰落的堡垒，而是在继承中、在两种文化的交流发展中重新焕发光彩。

第二节　对跨文化教学方法的建议

一、增加通识教育内容

早在 1828 年耶鲁大学报告就指出以心智的训练、人文价值作为外语学习的存在和理性基础，大学的功能是训练学生的心智，拉丁语和数学是达成该目的的最好工具。如果学生能够掌握系统的、有序的、完整的知识体，就掌握了一个可以应用于其他不完整科目的思想体系，学习这样传统的、有序的科目可以给学生一个完整知识体系，用以在其他科目中追寻知识。外语教育是人文博雅教育的一个重要组成部分，源于古典教育的外语教育并非单纯的语言学习，还包括语言所承载的知识与文化，通过语言及其承载的文化，外语教育成为人文教育的核心。

通识教育与博雅教育密切关联，外国语言和文化一直是通识教育的重要组成部分。例如，美国高校的通识教育是其课程体系中最重要的组成部分，而外语教育又是通识教育的一个重要部分。哈佛大学的核心课程规定了 11 个领域。第一个领域就是外国文化，而外语学习是外国文化领域规定的重要课程之一。耶鲁大学的通识教育要求学生学习人文艺术学科、科学、社会科学三个领域的课程，在人文艺术领域，外国语言和文化课程是完成该领域学习的重要部分。外语学习通过理解、借鉴、包容他国的历史与文化价值从而与大学教育的重要性紧密相连，而这些文化价值又是人文博雅教育的核心价值。因而，外语学习和人文学科联系在一起，语言学习不但具有交际的实际应用价值，更重要的是语言学习与文化鉴赏，与促进和提高分析思考能力、价值甄选能力紧密相连。正是在人文主义思想下，外国语言与文化成为通识教育的一部分。

目前，国内对于国外外语教育的研究以美国为主，兼有对欧洲国家语言政策与语言选择的研究，其次是对中国香港地区的外语教育（以英语为主）进行研究。但是美国和欧洲，尤其是美国，有大量移民，其中很多移民的后代在学校选择其家庭传承语言。例如，二战前，美国移民以西欧国家为主，所以法语、德语有大量学生学习，而随着世界各地移民的增多和对语言与身份、语言与人权的关注，其他国家的移民更关注自己的权利，墨西哥裔的学生以学习西班牙语为主，华裔学生以学习汉语为主等。另外，美国设有各种基金会，如犹太民族对学习希伯来语的资助，波兰基金会对学习波兰语的资助等都影响其语言政策和语言选择。美国人因为英语作为世界通用语的地位，对学习其他语言并无太强的兴趣，故此美国人自嘲说讲三种语言的人是trilingual，讲双语的人是bilingual，而只说一种语言的人是American。

在访谈加拿大外教时，她举例说明加拿大因为法语区的独立倾向，所以要求讲英语学生必修法语，但是英语的世界影响更大，用处更广，因此学生学习法语没有动力，学生的法语程度并不高，只是完成学分而已。中国香港的英语教育对内地也没有可比性，因为香港受英国影响较深，香港人的英语程度较高，英语使用很频繁，有些英语单词甚至进入日常生活。

元智大学将大学英语系整合进入通识教学部，因为大学英语本身就是通识教育的重要组成部分，而且能够弥补现有大学英语教材的不足，让学生接触到经典作品，同时开阔师生的眼界，促进大学英语教材的改进。对比美国大学经典阅读的书单，可以很明显地看出该校的经典书目更有包容性，尽量囊括东西经典、文理兼顾，让学生既能以自我主体为主，又能了解他者，尽可能做到融会贯通。

二、增加母语文化内容

在大学英语教学中，我们应注意中华文化的表述，帮助学生建立平等的跨文化交际意识。在制定教学大纲时，宏观上的政策要将中华文化提升到与西方文化同等的地位，作为英语教学的一个部分纳入教学计划。在教材的编写中，应该将中华文化内容分层次、系统地纳入大学英语教材。学生通过对母语文化的学习，可以树立民族自信心，提升民族自豪感，在跨文化交际中树立平等的交际意识，培养输出中华文化的意识，保证文化的双向传输。英语教材直接影响教学内容和教学目的，目前大学英语教材只注重对西方文化的介绍，忽视了中华文化。而跨文化交际中表达的是双向的交际行为，绝不仅局限于对目的语文化的理解，还包括与对方的文化共享和对对方的文化影响，因此增加中华文化内容是我国大学英语教学需要解决的问题。鉴于中华文化博大精深，在教材中不可能面面俱到，因此应选择一些经典的、具代表性的文章编入英语教材。同时，方式应该多样化，可以把中华文化内容作为课文讲授，可以作为课外阅读材料，也可以作为口语、听力的练习内容，让英语教材发挥培养学生人文素质、弘扬民族文化、提高学生语言能力的作用。

英语教学中也要融入中华文化。英语教学过分强调学生听、说、读、写能力的提高使英语课变成了单纯的语言技能训练课，这已经不能满足提高学生跨文化交际能力的要求。所以，在教学中应改变单一的语言技能训练教学模式，实现真正的文化教学，教师还应该在不同的学习阶段，根据学生程度，帮助学生掌握中华文化的英语表达方法，调动学生积极性，让英语学习者学会用英语向其他国家的人讲述中华文化，让世界了解中国。目前大学英语教师对跨文化交际的认识存在一定的误区，跨文化交际策略、经验及应变能力都有待提高。大学英语教师应有较深的文化功底，还要有较丰富的双方文化知识，兼具母语文化修养。但是，教师自身的中华文化的英语表达能力本身尚欠缺，而这些都会影响到教师的课堂教学。要想在英语教学中融入中华文化，就需要提高教师素质，除了具备语言能力外，还必须具备良好的文化修养，这样才能胜任教学，实现教学目标。因此，要真正实现在大学英语课堂中对中华文化的传承，英语教师就要加强自身的学习，提高自己的综合素质，担负起在英语教学中融入中华文化的任务。在当前中华文化失语的情境下，大学英语教育应该在教学中渗透中华文化，让学生在跨文化交际中保持自身的文化身份，实现有效的跨文化交际。

第三节 对跨文化教学测试与评价的建议

首先，在我国大学英语教学中最常见的方法还是语法—翻译法，其逻辑基础在于认为世界上所有的语言都起源于一种语言，各种语言的语法是共通的，词汇的意义也相似，语言之间的区别仅仅在于单词的发音和拼写不同。所以，教授外语就是进行两种语言的互译，词汇和语法的互相替换。语法—翻译法在学完字母、拼写之后，就会教学生系统学习语法、记忆词汇、阅读，其中语法教学始终占有重要地位，因为语法是翻译和阅读的基础。课文中出现需学习的语法项目、配合语法编写的例句和练习，课文讲解围绕语法。但是这种方法忽视了听说，过于强调语法的教学。

其次，大学英语教学较多使用的是听说法，其逻辑基础是美国结构主义语言学，认为语言是说的话而不是写出来的文字，语言是一套形成的习惯，所以需要大量地刺激和操练，语言教学不是教语言的知识，因此听说法以听说为主，反复操练，以形成习惯。听说法十分重视外语思维，完全拒绝母语。但是听说法忽视了语言的内容和意义，以句型为操练的对象，学生也许能说出流利的句子却不能活用语言进行适当的交际。

最后，在国内影响较大的教学法是交际法，强调培养学生的交际能力，将语法项目按照功能和意念进行整理，语法服从语言功能。交际法以学生为主，让学生接触地道的语言而不是紧紧围绕语法知识。但是语言的功能项目很难厘清，语法、功能、意念很难融为一体，再者中国教师自己的交际能力尚存在问题，所以影响了这种方法的功效。以下5个方面是影响大学英语教学效果的主要因素。

一、教师的教学观念

尽管"以学生为中心"的教学理念已经被越来越多的教师所接受，但真正实践起来还有很大的差距。我们发现，几乎所有教师都是按照事先准备好的教案进行教学。讲课中，有的教师准备的教学内容明显偏难，超出学生知识范围；有的又太容易，根本没必要讲，但很少有教师根据教学对象调整教学内容。其结果是，一个教师的教学内容太难，让学生感知云里雾里；另一个教师的教学内容太简单，让学生无所事事。两种情况下，可以看出教师们不习惯从学生学习角度考虑如何设计教学内容和方法。教师备课时大多备的是教材，而不是备学生。所反映出的教学观念是，教师教什么，学生就学什么，教师很少考虑学生的需求。因此，学生课上学习积极性不够高。Biown（1994）认为，根据学生需要和愿望组织教学才能激发学生内在学习动力，而提高内在动力是保障学习效果的最佳方法。

二、教学内容与方法

如上所述，很多教师备课时主要是备教材，很少考虑学生的需求，因此，上课时，他们都是在教教材，而不是用教材教。两者的区别是前者根据教材组织教学，考虑的重点是教材中有什么背景知识要介绍，有什么语言点、生词、课文难点要讲解；后者是利用教材开展教学活动，考虑的重点是学生可以从教材中学到什么。可以看出，很多教师备课时做了精心准备，从背景知识、生词、语言点到文章结构面面俱到，教学态度更是认真细致，娓娓道来，一堂课下来似乎讲了很多内容，但仔细想想好像什么印象都没有留下。究其原因主要有以下方面的问题。

（1）教学目的不明确。很多教师没有介绍教学目的，究竟备课时是否考虑教学目的不得而知，但至少没有认识到教学目的的重要性。有的教师虽然列出教学目的，但教学中没有按照教学目的设计教学内容，所以教学目的形同虚设。很多教师承认，他们每节课的教学目的就是讲完某单元课文，很少考虑通过课文学习要达到什么具体的教学目的。

（2）教学重点不突出。没有明确的教学目的，教学内容很容易变成流水账，从生词到课文讲一遍就算完成了教学任务。但学生的记忆有限，不可能将教师讲的每句话都记住，教学内容千篇一律，教师讲得越多，学生越不知道重点是什么。因此，上完课学生感觉没收获。

（3）知识与应用不平衡。《大学英语课程教学要求》（2007）指出，大学英语教学要实现"从以教师为中心、单纯传授语言知识和技能的教学思想和实践，向以学生为中心、既传授语言知识与技能，更注重培养语言实际应用能力和自主学习能力的教学思想和实践的转变"。但是，大多数教师的授课内容仍然是以语言和技能为主，语言应用型课堂活动较少。

（4）课堂时间分配不合理。所有教师都以阅读材料为中心，将教学过程分为阅读前（before-reading）、阅读中（while-reading）、阅读后（after-reading）三部分。我们发现，这三部分的时间分配不合理。大多数教师进入课文用时较长，最短的20分钟，最长的45分钟；部分教师课讲解用时较长；但完成课文阅读后的活动用时普遍较短。分析原因可能是因为进入课文前教师比较容易组织活动，讲解课文过程中可讲内容较多，而讲完课文后大多数教师感觉完成了任务，所以课后活动往往一带而过。实际上，要提高学生的语言应用能力必须加强阅读后的活动，因为学生在阅读中所学词汇、语法、结构的练习，课文深层次意义的理解和引申都需要通过这部分来完成。

（5）提问形式使用不当。我们注意到，教师在课堂上主要是使用展示型问题（display-question）较多，使用引申型问题（referential-question）较少。展示型问题是用来了解学生对所阅读或所听内容理解的。这类问题没有信息差和交际意义，因为学生可以直接从文本中找到答案。引申型问题是用来讨论文本的深层次信息或读者对所获取信息的评论和意见的。这类问题是开放性的，学生无法直接从文本中找到答案，需要自己组织语言，因此更有利于培养学生的表达能力和语言应用能力。但是，由于教师主要使用展示型问题，学生回答问题时几乎全部照本宣科，使用课文中的原句。从表面上看，师生在互动，学生在练习，但没有真正意义上的信息交流，也不利于培养学生的表达能力和语言运用能力，还容易造成学生离开书本就不敢张嘴的状况。

三、学生课堂参与度和注意力

参与度和注意力是相辅相成的。课堂上如果学生只是旁观者，注意力很难保持一堂课的时间。只有学生主动参与课堂活动，才能吸引学生注意力，进而提高教学效果。从课堂上看，学生参与度不够广泛，尽管有的教师尝试调动学生参与，但经常只是少数学生发言，多数学生保持沉默。分析原因，我们发现如下问题：

（1）任务不够明确。有的教师布置活动时没有说清楚到底让学生干什么。听课时我们不止一次地感到困惑，不知道教师的具体要求是什么。学生不知道教师让他干什么，当然就没办法参与活动。

（2）任务不够合理。有的教师不预先布置任务，等到学生完成听力和阅读后直接提问或讨论，造成学生没有思想准备，无法参与活动。这种无目的的听力和阅读不仅让学生无所适从，不知道要听什么、读什么，也不符合语言学习规律。现实生活中人们的阅读和听力一般都是有目的的。

（3）任务意义缺乏解释。几乎所有教师都是只布置任务，不解释为什么。其结果是有的学生不理解任务的意义，有的甚至认为任务没意义而不愿参加教师布置的任务。

（4）提名发言不够。由于班级人数较多，有些教师不知道学生的姓名，所以大多数情况下教师提问时都是学生自愿回答，那些不习惯主动发言的学生不但没有机会练习，而且会感到受到忽视。有些学生一旦意识到教师不会提问他们，就不再准备回答教师的问题了，也就不再跟着教师的思路学习了。

四、课堂互动与语言环境

多媒体设备的使用和教师的英语授课，使学生在课堂上始终处于目的语语境中，但这些还显得不够，因为真实语言环境需要互动，需要信息交流，需要用语言做事，而大学课堂上，信息主要是从教师流向学生。有的教师从头到尾滔滔不绝，除了要求学生随声附和一两个词外，几乎没有给学生在课堂上进行交流的机会。很多教师虽然提问，但只是流于形式，不等学生回答就将答案告诉学生了，根本没准备跟学生交流。但是没有语言互动和信息交流，学生就难以进入真实的语言环境。更重要的是，没有跟学生的交流，教师就不知道学生在课堂上获得了什么，也就难以知道教学效果。尽管授课班级学生较多，教师难以给每一个学生在课堂上发言的机会，但可以看出，我们的大学英语课堂教学还是以教师讲授为主的语言输入型，学生的语言输出明显不足是影响交际能力培养、影响教学效果的主要问题。Brown（1994）认为，学习者只有通过语言输出才能有效掌握所输入语言，逐渐实现语言自动化。换句话说，学习者不能亲身参与语言实践活动，就不能习得语言。

五、学生学习积极性与教学效果

学生学习积极性直接影响课堂教学效果。因此，在课堂上，许多教师为了提高学生的积极性在刚开始上课的预热（warm-up）和导入（lead-in）阶段，通过听歌曲、看录像、讲故事、介绍背景知识、开展讨论等形式吸引学生的注意力。从整体上讲，这一阶段是课堂气氛最活跃、学生参与度最高、趣味性最强的教学环节。因此，许多教师都是尽量利用这一阶段开展各类活动，制造课堂闪光点。有的教师把这一阶段的活动安排得过多，以致没有时间完成教学计划。但是，一旦进入课文学习阶段，课堂气氛就会急转直下。单调的课文讲解和阅读理解活动使教学的趣味性大打折扣。快读、略读、提问、填空、做选择题、找主题句等教学活动学生早已司空见惯。随着趣味性的下降，学生注意力开始分散。我们注意到，课文学习阶段很少有学生记笔记，很多学生的目光游离于课本之外，有的看手机，有的交头接耳，有的显得无所事事。进入课文学习之前，课堂趣味性比较强，学生注意力比较集中；一旦开始学习课文，课堂就显得枯燥乏味，学生就开始目光游离。因此，要提高大学英语教学效果，需要改进课文学习阶段的教学方法。

人类自有外语教学开始就一直在不断探寻最好的教学方法，但是没有一种方法是放之四海而皆准的。学习者本身的因素，如年龄、性别、动机、态度、智力、认知方式、家庭影响、天赋、兴趣、性格、学习方法等都影响其学习成效。我国在大学英语教学中更多地关注教师如何教，忽视了学生在母语和第二语言习得中的差异。大学生已经是成年人，学习的环境和方式完全不同，学习的目的和过程也不同，大学英语教学要顺应学生的成长和心理过程的变化，重视学生的个体因素。

大学英语教学在面对各种教学法流派以及针对不同研究对象和视角的研究理论时，需要保持清醒的头脑，博采众长，因为不存在一种万能的或最好的教学方法，在教学中要根据实际情况，灵活、适当地加以实践。正如托克维尔所说："我们把视线转向美国，并不是为了亦步亦趋地效仿它所建立的制度，而是为了更好地学习适用于我们的东西；更不是为了照搬它的教育之类的制度，我们要引以为鉴的是其法则，而非其法治的细节。"我们可以借鉴和学习欧美的理论与流派,但由于文化背景和社会历史的差异原因,其对我国大学英语教学的指导作用和影响力还需要本土化的实践和研究,不能将其直接运用于我国的大学英语教学中。

当前语言研究者和教育者已经意识到语言环境和学习者个体的复杂性,已经超越了遵循某一种或几种教学法的时代,而进入一个后方法教学时代(Postmethod Condition),另译为方法后教学时代。语言教育者的任务不是去追求最好的教学法,而是去探索能够满足学生需求并且关注学生学习体验和个体差异的教学策略。随着现代科技的发展和教学理论的推进,出现了新的教、学方式。

(一)计算机辅助外语教学

计算机辅助语言教学简称 CALL(Computer Assisted Language Learning),计算机按人们事先安排的语言教学计划和内容进行课堂教学和辅助课外练习。随数字技术的发展和计算机应用的普遍化,以及外语教学中更强调交际能力和文化基础,计算机被广泛应用于语言教学,成为合适的培训工具。学习软件、网络互动平台都给学生提供方便、快捷的学习方式。学生可以在任何适宜的时间、地点进行学习,学生自己确定课程进度,学生面对计算机没有心理压力或"丢面子"的问题,计算机辅助教学有助于学生进行个性化学习,也有助于大学英语教师保存学生的学习记录和教学资料。

(二)个性化学习

个性化学习源于人本主义的教育观,满足学生对课程自我掌控的要求,学生选择个性化的学习方案,使用规定的或自学的材料,自己设定学习进度。个性化学习尊重学生的个性,教师根据学生的兴趣、特长、需求进行调整,学生是一种自主性的学习。教师从教授者和权威转变成学生的合作者,甚至是学习者,学生不是被动的听讲人而是主动的合作者,这样能促进学生形成终身学习的习惯。

(三)以目标为指导的外语教学

教师和学生建立平等的伙伴关系,共同努力以达到一定外语教学的要求。

目标具有激励作用，可以将人的需要转换为动机，并将学习结果与目标进行对照，及时调整，直至达成目标。

（四）自主学习

自主学习是较为新兴的语言学习方式，是与传统的被动接受性学习相对应的学习方式，利用已经开发好的语言学习材料，由学生进行自主学习，给学生配备语言导师进行语言的实际操练，在学习完成后，进行测试和评估。以学生作为学习的主体，通过学生独立地观察、分析、实践来达到学习目标，培养学生自己收集和处理信息的能力，分析和解决问题的能力，以及交际和合作力。自主学习能有效利用教师资源，降低高校开设语言课程的成本。

（五）词汇附带习得法

曹佳学、宋娇通过实验对比三种不同注释方式对词汇附带习得的影响，探索词汇学习与记忆的关系。他们的实验采取了三种不同注释方式：一个对应的英文注释五个对应的中文注释，两个英文注释任选其一。研究结果表明，在即时测试中，给出两个英文意思选择其一的注释方式，其词汇附带习得效果明显好于给出其他两种注释方式。在延时测试中，三种注释方式无显著性差异，但给出两个英文注释选择其一的方式学生成绩最稳定，其次是给出一个中文意思。本实验结果表明，大多数现有教材所采用的传统生词表注释形式不利于学生的词汇附带习得。

（六）海外学习

有条件和获得经济资助的学生可以到目的语国家进行语言和文化的学习或考察。

第四节　对跨文化教学教师与学生的建议

在 21 世纪，学习外语越来越重要，语言学习的好处在于能够提高学习者对语言的理解力，从而有助于学习者更严密和细致地使用自己的语言，理解所阅读的外语文本，以及理解跨文化交际的障碍。在耶鲁大学，无论学生的入学外语考试水平如何都必须学习外语，因为耶鲁大学认为外语技能和数学以及定量的分析技能是通向未来学习和生活的钥匙。外语成为现代人必备的素质之一，在这样一个多元化的时代，跨文化交际能力是跨文化人必备的素质，这必然对外语教育提出更高的要求。外语教师作为教学活动的实施者、组织者和管理者，必然面临更大的挑战和压力，大学英语系面对各个不同语种专业的学生，教师主要进行语言和文学研究，为适应外语教育的发展，外语教师必须接受更严格的培训。论文研究主要关注的是大学英语师资的培训及整合。

  国外教师培训主要指的是业务方面，国内的教师培训包括政治思想和业务两方面，政治思想包括爱国主义、集体主义、敬业精神、忠诚于教育事业、认真负责的工作态度等各方面；业务方面则常常将大学英语教师培训简化为外语培训，即提升教师的语言技能，如对教师的阅读、听说、写作、翻译等进行培训。很多学生、家长甚至教师本身都认为一个人只要学会了英语就能够教英语，一个人只要英语水平高就能教好英语，这种看法并不正确，教师培训应该包括"教什么"和"如何教"两方面。

  "教什么"并不简单地指"教外语"，教语法、词汇、课文等，因为语言本身包括语音、词汇、语义、语法、篇章、语用，语言技能包括听、说、读、写、译。但语言不仅是符号系统，是人与人相互接触时所使用的交际工具，是人与人之间传达信息或表达思想的媒介，还是使用这种语言的民族的历史文化的载体。语言就像一面镜子反映了民族历史、文化、心理素质的深层结构，隐性地影响着一个民族看待世界的价值标准和思维方式。许多学生、家长和教师认为外语学习的目的主要是能够与目的语国家的人员进行商务、教育等方面的交流，这显然是受到语言工具论的影响，只看到了语言在具体的人际交往中的功能，而忽视了语言所负载的文化。语言是文化的载体，涉及文化的方方面面，蕴含着哲理和智慧，教授语言的过程也是传授文化的过程。

  大学英语教学实践中所强调的词汇、语法、篇章都与文化密切相关，单词的意义通常是文化所决定或限制的，不同文化的特征经过历史的积淀都在词语中留下了痕迹。英语是具有严格语法规则的语言，汉语的语法则相对灵活，两种语言的差异与文化传统和思维方式有关。推理方式可以从语言的行文中看出来，对不同文化背景的英语学习者所写的文章进行分析，发现学习者在逻辑层面和篇章结构上受到不同文化因素的影响，英语篇章呈直线形，常用演绎。汉语篇章呈螺旋形，句子之间没有太多的连词，是需思维的连贯、语义的上下呼应来表达完整的意思。

可见只强调语言的工具性，单纯进行语言技能的训练是无法真正学好和教好一门语言的。因此，学生和教师为达到学好英语的目的，必须在语言教学中进行文化教学，没有文化教学的语言教学是枯燥的和无意义的。一个人不可能学习使用一门语言，而不学习说这种语言的民族的文化。

针对大学英语教师的师资培训必须突出语言的文化内涵的重要性，外语教师在学习语言的同时必须学习文化知识，在教授语言的过程中必须涉及文化。针对大学英语教师的培训应包含世界政治、经济、文化内容。

目前在大学英语教师培训中，一般认为"如何教"就是指教学方法。李岚清就曾说由于英语教学的不得法，我国知识分子的总体外语水平不但不如发达国家，而且不如许多发展中国家，什么时候我们能找到一种适合中国人有效地学习外语的方法就好了。外语教学涉及语言学、心理学、社会学、人类学、教育学等相关学科，教学法只是"如何教"的一个方面，"如何教"还包括二语习得、语言学习的过程、学习者个体差异等各个方面。

当前教学法研究理论与实践都源于西方国家，缺乏本土化的经验，国际上英语教学领域的主流教师教育方法往往缺乏非常重要的社会—政治维度，正是这一维度才能使英语教学在其所处的社会、文化、经济、政治等复杂环境中得以本土化。所以，在"如何教"的培训方面，教学法只是一个方面，还需兼顾其他很多因素。在后方法教学时代（Postmethod Condition），教师的任务不是去寻找或应用最好的教学法，而是去实践既能够满足学生需求又能适应学生个体差异的教与学策略。

外语的重要性，以及学生、社会对大学英语教学的更高要求，促使大学英语教师接受更高难度和更深层次的培训，同时需要教师具备广博的知识和良好的文化素养。但是大学英语教师在繁重的教学工作之外很难抽出大量的时间进行长期系统的培训，对于主要毕业于外语专业的大学英语教师进行跨学科的培训，不是短期可以见效的。那么如何保证大学英语的教学质量呢？回答是进行大学英语师资的整合。

美国的大学基于其自身的文化传统和社会现实,选择在外语院系之外成立语言中心,如哈佛大学、耶鲁大学都设立了专门的语言学习中心,为学生的外语学习和教师的发展提供支持,确保大学生在校期间的外语学习质量,帮助学生达到通识教育的外语技能要求。我国大学在借鉴其经验时尚需进行本土化的实验,华语教育在台湾地区大学的实践,可以为大陆大学英语师资整合提供有价值的参考。比如,国际文化及服务组为拓展师生国际视野,以文化交流为目的,外籍师生服务为主轴,经常举办与世界文化对话的活动,通过讲演、留游学宣传、文化交流周等活动,为师生提供更多的国际文化交流的机会。

国际语言文化中心执行全校大学英语教学课程计划,并建构提升学习外语效果与国际文化学术交流效果的数字化设备与国际化生活环境。强化学生外语能力,提升竞争力,促进各单位国际学术文化交流业务的发展。中心负责规划及执行全校性各项英语、第二外语及华语课程计划,协办各种语文测试及文艺活动,以改善校园外语学习环境,拓展师生国际视野,提升师生的文化涵养。

将大学英语教师整合进入国际语言文化中心,与对外汉语教学的师资和外事交流与联系的师资整合,形成跨语言、跨文化的团队。同时将国际语言文化中心设为通识教学部的下属分支,使大学英语师资能够形成跨学科的团队。大学英语教师在交流、教学等各种活动中都能够很快获得帮助和所需的资讯,师资整合给大学英语教师一个自然提升自我、丰富自我的过程。

大学英语教师是大学英语教学能否走出困境的关键之一,进行大学英语教师培训,以及大学英语师资和其他相关学科师资的整合是比较好地解决问题的方式。

一、跨文化外语教学对教师的要求

跨文化外语教学的目标是在提高学习者外语交际能力的同时,培养他们的跨文化意识和跨文化交际能力,进而培养他们多视角、立体的思维能力和综合素质。其基本特点是充分挖掘外语教学的文化教学功能,将外语教学与文化教学有机结合、融为一体。显然,这样扩大了的教学目标和教学内容对教师提出了新的要求和挑战。一般来说,外语教师除了具备良好的外语语言功底之外，还应该掌握三个方面的知识和能力：外语学习理论、外语教学法、课堂教学实践。

外语学习理论是关于外语学习的本质、过程和规律，是指导教师进行教学的理论基础。外语教学法知识帮助教师理解教学目的和内容，了解各种教学方法的优劣，是学习理论和课堂实践之间的桥梁。课堂教学实践则对教师具体教学活动安排和实际课堂组织能力等方面提出了要求。

跨文化外语教学增加了文化教学层面，强调跨文化意识和跨文化交际能力培养，所以以上对外语教师的要求显然不够。那么，除了这些条件之外，跨文化外语教学还要求教师具备哪些素质呢？下面从知识、能力和态度三个方面来回答这个问题。

从知识层面上来说，教师应该掌握普遍文化知识，即文化的基本概念、构成、特点及其对社会和个人的作用；掌握一定的具体文化知识，即了解目的语文化、本族文化和其他文化群体的特点和彼此之间的异同；理解语言与文化和社会之间的相互作用，特别是目的语言在不同社会文化背景中的使用情况，理解跨文化交际能力的概念和意义，了解导致跨文化交际困难和失败的因素。

就能力而言，外语教师应该达到：在课堂和课外其他跨文化交际场合，用目的语言进行恰当有效的交际；合理利用教材和其他真实的语言文化材料，引导学生关注文化内容，刺激他们对文化问题进行思考；善于设计和组织课堂活动，将学生自己的文化体验与教学内容结合起来，创造更多的体验式学习机会，采用多种不同的文化教学方法和手段，全面、深入地传授文化知识，培养跨文化交际能力；将外语教学与文化教学有机结合，通过教学材料的选用、教学活动的设计有意识地引导学习者既注意语言能力的提高，又关注跨文化交际能力的培养；以培养能力为主，引导学习者摸索学习方法，掌握独立学习的能力，促进学习者自主学习。

从态度层面，外语教师应该具备这样的素质，敢于面对挑战，尝试新的教学思路和方法；愿意像学生一样，不断学习和探索外国文化，反思本族文化和自己的文化参考框架及言行；愿意与学生分享自己的学习体验和跨文化交际体验，即便是失败的经历；尊重学生，对不同文化行为和思想不妄加评判，永远保持一种宽容、理解的态度。

二、文化教学培训

　　培养一名合格的外语教师并非易事,他(她)不仅需要具备良好的语言功底和交际能力,还要懂得教学规律和学习者的认知心理、情感特征,同时最好具有丰富的教学经验。这一切不可能在短短的几天、几周或几个月内完成。实际上,对一名教师的培养从他(她)学习外语的第一天就开始了,经过学校教育的不同阶段,一直持续到他(她)走上讲台前的业务培训,甚至还延续到上岗后的教学和各种在岗培训。就基础教育对教师培养的作用来说,我们稍加反思就会意识到目前采用的教学模式和方法或多或少受到了以前我们自己的英语教师的影响。中国外语教学之所以长期以来一直无法摆脱以语法和词汇为中心的传统教学方法,在一定程度上是因为这种方法代代相传,从一开始就根深蒂固地植于教师和学习者的脑海里。由此看来,基础教育是培养合格教师的关键,我们必须从现在开始让学生接触新的教学思想和教学方法,同时鼓励他们不断创新,只有这样才能最终改变这种状况,为他们日后成为教师后能接受新观念、探索新方法打好基础。

(一)培训目的和内容

　　培训可分为岗前培训和在岗培训、教学方法培训和教材使用培训、短期培训和长期培训等多种不同类型和不同内容的培训,我们不能指望教师经过某一次培训就能完全掌握教学要领,所以对教师的培训应该定期、有系统地进行。培训不是针对某一具体的教学环境和教师群体,而是以文化教学为主要考虑因素。

(二)教师文化教学培训的方法

1. 文化意识和文化教学意识的培训

　　文化教学培训的一个根本特点就是"使隐含的东西明确化"。这就是说,文化、文化差异以及外语教学的文化教学潜力都已经客观存在,现在最重要的是让教师意识到它们的存在和作用,即要提高教师的文化敏感性和文化教学的意识。在提高其敏感性和意识的基础上,教师的文化知识水平和文化教学能力就会有显著的提高。

2. 文化知识的培训

就文化概念和知识的学习而言，文化人类学提供了最为全面、科学的阐述，理应成为外语教师培训的一门必修课。文化人类学是一门历史悠久、理论基础雄厚的社会科学，无论是在文化理论研究上，在具体文化的描述上，还是在文化研究的方法上都已形成了较为完善的体系，是外语教师获取相关文化知识的可靠来源。当然，外语教师学习文化人类学不是为了成为人类学家，因此没有必要穷尽其所有的内容，他们只需利用文化人类学的部分研究成果，以获得对文化相关概念更清楚的理解，对相关文化群体更全面、深入的了解，同时借鉴其中的一些文化研究和探索的方法即可。对文化人类学研究成果的选用应该由来自不同领域的专家（外语教学研究者、文化学家、跨文化交际研究者、教师培训专家等）合作完成，综合各方的意见，选择那些教师需要掌握的理论和信息作为培训的内容。

除了文化人类学可以成为教师文化知识培训的主要科目之外，社会学和跨文化交际学的研究成果同样是教师培训应该关注的内容。语言、文化、社会和交际之间复杂的关系，在这两门学科中得到了更清晰的描述。对于师范院校来说，如果能在高年级开设专门的文化学、社会学和跨文化交际学课程则最为理想。而对大量从非师范院校毕业，却选择成为外语教师的准教师而言，花费很多时间专门学习这些科目的内容，显然不现实，因此只能依靠教师培训工作者精心挑选和准备培训内容，以系列讲座的形式传授给受训教师。

3. 文化能力的培训

相对而言，文化能力的培训比文化意识和文化知识的培训更为复杂和困难，因为它不仅涉及教师的认知心理，还与他们的情感和行为有关。这里所说的文化能力包括教师的跨文化交际能力和文化学习探索能力。

跨文化交际能力的培训可以从文化冲撞开始，目的是让受训者通过经受心理和情感上的震荡，对跨文化交际中存在的文化冲突有一个强烈的感性认识，培训者趁机向受训教师介绍跨文化交际中的困难，然后自然过渡到对如何克服这些困难的探讨。培训者一方面可以通过讲座或让受训者阅读相关文献等方法来帮助他们了解跨文化交际的本质和文化冲撞产生的根源及其特点和过程，使他们从理性上认识积极调整心态、不用自己的文化框架判断他人、努力适应对方交际方式的重要性；另一方向还可以通过看录像、观察和分析成功与失败的跨文化交际案例，来吸取好的经验，防范交际误区。此外，培训者还可以向受训教师布置跨文化交际实践的任务，如到外企见习、到外国人家中做客，通过观察、访谈和体验来增强其对跨文化交际的认识，提高跨文化交际能力。最后，还可以让所有受训者们一起分享各自的跨文化交际经历和体会。值得注意的是，在整个培训过程中，培训者应该反复强调反思的重要性，受训者正是通过不断学习、不断体会、不断反思才能有效地增强自己的跨文化意识和跨文化交际能力。

文化学习和探索能力培养是本着授之渔的目的，帮助受训教师掌握一套文化学习的方法，使他们能够对遇到的新的文化现象和文化群体进行探索研究，这种能力也是这些受训教师今后对学生进行文化教学的目标之一。首先，文化学习和探索能力建立在敏感、勇敢、宽容等情感态度和善于移情的基础上。缺乏敏感性，对任何文化现象熟视无睹，想当然地认为人皆相同，这些都是文化学习的障碍。其次，面对陌生的文化环境，很多人选择逃避和退缩，而善于学习和探索的人则会勇敢地尝试和体验，积极参加各种有利于自己了解该文化群体的活动。与不同文化背景的人相处，宽容和文化移情能力是不可或缺的素质，具备了这两种素质就能避免误解和冲突的发生，文化学习和探索才可能顺利完成。

作为一种文化学习和探索的方法，参与观察法可以被用来对任何一个文化群体进行深入的文化调查。理想的条件是离开自己熟悉的文化环境，融入一个陌生的文化环境中，对该文化群体的某些文化侧面进行探索和学习，并通过与该群体的人进行交流，获取跨文化交际的经验，摸索跨文化交际的规律，从而提高跨文化交际能力。对于中国外语教师和学习者而言，这样理想的环境也许不存在，但是教师培训者同样可以利用国内现有的外国文化群体构成不同的亚文化群体的资源，进行参与观察文化研究方法的训练和实践。虽然环境有所不同，但是基本原理和技巧基本相同。

在教师培训中，培训者首先向受训教师介绍参与观察的文化研究方法，通过各种手段帮助教师弄清这种文化探索学习方法的宗旨、特点和注意事项。然后由受训教师自行设计和完成至少一次文化探索任务，并在这一过程中记录自己的学习体会以督促反思学习体验，同时也为以后与其他同事分享经验和感受提供资料。一次这样的学习任务应该以一篇全面、透彻的调查报告来结束，报告内容包括本次调查研究项目的目的、方法、结果以及经验总结，其中占很大篇幅的应该是对调查对象某些文化现象的详尽描述。

接受过以上培训的教师应该在个人素质上为文化教学做好准备。他们还需要接受一定的文化教学培训才能胜任跨文化外语教学工作。文化教学培训同其他教学培训一样，主要是从大纲、教材和教学方法三个方面着手。大纲培训是帮助教师理解教学目标、教学内容和教学评估标准等，是教师准备教案、设计教学活动的基础。教材培训是针对某一特定教材，就教材使用的方法进行培训。教学方法培训最为普遍，文化教学的方法很多，每一种方法都有其优点和缺点，每一种方法都有其独特的技巧，这些都是教师培训时的必要内容。

（三）反思教学和课堂教学研究

近年来，反思教学和课堂教学研究成为外语教学和教师培训研究文献中出现频率较高的术语，它们作为教师培训和教师自我发展的方法已经受到越来越多教学研究者和教师的重视。对于跨文化外语教学来说，课堂教学研究的作用更是不可低估。

课堂教学研究是一种促进教师教学水平提高和教学效果改善的方法。Wallace 将其定义为"为了改善教学的某一领域而进行的系统的资料收集和分析活动"。教师针对自己教学中遇到的问题，利用自己所掌握的教学理论知识，根据自己的经验，通过自己的努力，寻找解决问题的方法，在此过程中记录自己的体验，反思自己的态度和做法，并与其他同行进行交流。根据研究，课堂教学研究有五大特点：它解决的是研究者及圈内人士切实关心的问题；它要求系统地收集资料，反思实践；它通常是以本校、本地的教学为研究对象，规模较小，重点观察教学方法变化所带来的结果的变化；它常采用的是定性分析法，对教学事件和过程进行描述；它的研究成果包括对问题的解决以及教师个人业务水平和当地教育实践和理论水平的提高。

这样的教学研究与教师的教学实践联系紧密，因而具有很大的实用价值。对于接受岗前培训的教师来说，进行课堂教学研究培训有利于他们培养反思教学和课堂教学研究的意识,掌握反思教学和课堂教学研究的方法,从而使他们获取一套不断提高业务水平的、灵活高效的方法,增强他们对今后教学工作的信心。一旦他们正式走上讲台,在学校及教育管理者的支持和帮助下,他们就可以充分利用反思教学和课堂教学研究来提高自己教学的效果,同时也促进其所在区域整体教学水平的提高。所以,课堂教学研究应该成为教师培训的一项重要内容。

三、学习者自主学习能力的培养

当前外语教师培训的另一热门话题是教师如何培养学习者自主学习能力。所谓自主学习,简单地说,就是指学习者控制和管理自己学习的能力,它是一个复杂的概念,包含多个层次,在不同的社会文化和教育环境中呈现不同的形式。

(一)自主学习的背景、含义和意义

1. 自主学习研究的背景

自主学习的思想早在18世纪就已萌芽,法国哲学家Rousseau的"自然教育"理论强调了学习者对自己学习负责的重要性,实际上就等于提出了自主学习的思想。他认为,自主学习的能力是人天生就有的,但是这种天赋却受到后天学校教育的压制。这一思想对后来的很多教育学家产生了影响,成为解放学习者、将他们重新送回到教学主体位置的现代教学思想的动因之一。

2. 自主学习的含义

自主学习就是控制和管理自己学习的能力,也就是对与学习各个方面相关的决定负责,它包括目的的确定、内容和进度的确定、方法和手段的选择、学习过程的监控以及学习的评价等。

从本质上来说,自主学习是一种独立学习、批评反思和自我决策的能力。它要求学习者发展一种与学习过程和内容相关的、特殊的心理,这种独立的能力表现在学习者的学习方式上,或表现在他(她)将所学东西迁移到更加广阔的领域的方式上。

3. 培养自主学习能力的意义

学习者自主学习能力的培养成为外语教学的中心议题是与跨文化交际日益频繁、知识和信息日新月异、经济和教育全球化不断深入的当今世界形势分不开的，面对这样的形势，培养跨文化交际能力、独立学习能力，树立终身学习的理念成为教育的首要任务之一。外语教学作为跨文化交际能力培养的重要阵地，理所当然应该承担起这一重任。

（二）教师和学生的角色

自主学习不是一种新的学习方法，也不是一种新的教学方法，它是对学习和教学本质的新认识。学习不再是简单的听讲、记笔记、做作业、复习、预习、考试等；教学也不再是单纯的传道、授业、解惑。学习者的被动地位得以打破，以学生为中心、以学习为中心、以任务为中心的教学思想取代了以教师为中心、以教学为中心、以教材为中心的教学思想。那么，这种转变是否意味着教师的教学变得轻松，而学生将面临巨大的学习压力呢？对这个问题的最好回答就是分析教师和学生在这种教学模式下的作用和他们之间的关系。

1. 教师的角色

自主学习要求学生除了参与确定学习目标、学习内容、学习进度、学习方法、学习评价指标之外，还要对自己作为一个学习者的感受和经历进行反思和理解，关注学习过程，摸索学习方法。对学生所提出的这些"额外"的要求，实际上也是对教师的要求。只有具有自主学习意识和能力的教师才能培养出能够进行自主学习的学生。教师在教学中如果能表现出以上特点和自信，就会感染学生，将这种独立意识和自信传给学生。有意识、有计划地进行自主学习能力培养是教师的主要任务之一。在这种教学思想的指导下，教师扮演的角色应该是合作者、顾问、协调者和对话者。

2. 学生的角色

就学生而言，自主学习使他们从对教师和教材的依赖中解放出来，成为自己学习的主人。这种从被动到主动地位的变化要求学习者在教师的引导下能够制订学习计划，监控学习过程，反思并端正自己的学习态度、修正自己的学习方法，评价学习结果。自主学习要求学习者具有较强的学习意识，重视学习目标实现的过程和方法，通过这样的意识和对学习过程的关注，学习者增强了对学习、学习者和学习过程的理解，掌握了学习的规律和方法，从而提高了自己独立学习的能力，为自己承担起学习的责任做好准备。

调查显示，目前中国外语教师和学生的观念以及他们的教学能力和学习能力与跨文化外语教学的要求相差甚远，所以有必要进行教师和学生培训。

参考文献

[1] 张学新. 对分课堂：大学课堂教学改革的新探索 [J]. 复旦教育论坛，2014，12（05）：5-10.

[2] 汪军，严晓球. 近十年来国内大学英语大班教学研究综述 [J]. 教育学术月刊，2011（11）.

[3] 杨淑萍，王德伟，张丽杰. 对分课堂教学模式及其师生角色分析 [J]. 辽宁师范大学学报（社会科学版），2015（09）.

[4] 张博雅. 对分课堂：大学英语课堂教学改革的新思路 [J]. 科学与财富，2015（12）：803.

[5] 柴霞. 基于"对分课堂"的大学英语教学实践与反思 [J]. 曲阜师范大学公共外语教学部，2016（06）.

[6] 谷陟云. 罗杰斯的人本主义教育观及其启示 [J]. 现代教育科学，2009（10）.

[7] 陈爱梅. 人本主义学习理论及对外语教学的启示 [J]. 辽宁师范大学学报，2003（3）.

[8] 王健芳. 外语教学改革与实践 [M]. 南京：南京大学出版社，2016.

[9] 孙立伟. 对数字化教学资源建设的思考 [J]. 新西部，2007（12）.

[10] 杜振华. 英语资源服务器及网络语音室的安全管理与实践 [J]. 中国科教创新导刊，2008（1）.

[11] 李建萍. 分级教学背景下大学生英语词汇学习策略的调查和分析 [J]. 黄山学院学报，2009（8）：99.

[12] 汤闻励. 非英语专业大学生英语学习"动机缺失"研究分析 [J]. 外语研究，2012（1）：70-75.

[13] 李艳，韩文静. 孔子因材施教的教育思想简述[J]. 吉林教育学院学报，2008（4）：39.

[14] 刘英爽. 国际化背景下大学英语跨文化教育的瓶颈和转型趋势[J]. 教育评论，2016（7）：115-117.

[15] 王汉英，胡艳红，徐锦芬. 美国康奈尔大学外语教学观察与思考[J]. 教育评论，2015（7）：165.

[16] 秦秀白，张凤春. 综合教程3（学生用书）[M]. 上海：上海外语教育出版社，2014.

[17] 王允庆，孙宏安. 高效提问[M]. 北京：高等教育出版社，2016.

[18] 赵周，李真，丘恩华. 提问力[M]. 北京：电子工业出版社，2018。

[19] 陈帅. 大学英语修辞教学探析[J]. 湖北经济学院学报，2013（9）：203-205.

[20] 王涛. 大学英语教学中英语修辞格的赏析[J]. 英语广场，2013（10）：97-99.

[21] 夏俊萍. 浅析大学英语教学中学生修辞鉴赏能力的培养[J]. 吉林工程技术师范学院学报，2014（10）：68-70.

[22] 张红. 浅谈英语教学中常见的修辞[J]. 教师，2015（11）：47-48.